**13**

# 印象威尼斯

一带一路百城记·海洋新知科普丛书

「十三五」国家重点出版物出版规划项目

陶 红 亮　主编

冰河插画 李伟 绘画

## 图书在版编目（CIP）数据

印象威尼斯 / 陶红亮主编；李伟绘画 . —北京：海洋出版社，2018.5（2025 年 1 月重印）
（一带一路百城记 . 海洋新知科普丛书）
ISBN 978-7- 5210-0086-3

Ⅰ . ①印… Ⅱ . ①陶… ②李… Ⅲ . ①威尼斯 – 概况 Ⅳ . ① K954.6

中国版本图书馆 CIP 数据核字（2018）第 069851 号

一带一路百城记

## 印象威尼斯

| | | | |
|---|---|---|---|
| 总 策 划 | 刘 斌 | 发 行 部 | （010）62100090 |
| 策划编辑 | 刘 斌 | 总 编 室 | （010）62100034 |
| 责任印制 | 安 淼 | 网　　址 | www.oceanpress.com.cn |
| 排　　版 | 童 虎·设计室 | 承　　印 | 侨友印刷（河北）有限公司 |
| | | 版　　次 | 2018 年 5 月第 1 版 |
| 出版发行 | 海洋出版社 | | 2025 年 1 月第 2 次印刷 |
| | | 开　　本 | 787mm×1092mm　1/16 |
| 地　　址 | 北京市海淀区大慧寺路 8 号 | 印　　张 | 11.25 |
| | 100081 | 字　　数 | 270 千字 |
| 经　　销 | 新华书店 | 定　　价 | 72.00 元 |

本书如有印、装质量问题可与发行部调换

2000 多年前，一群商人赶着骆驼从西安出发，一路向西，最远抵达地中海；同时，在广东的徐闻港，商人们先祭拜海神，随后扬帆出海。后来，人们将这些连接东西方的通道统称为"丝绸之路"。通过丝绸之路，中国的文明之风吹向世界各地。2000 多年后，习近平总书记提出"一带一路"倡议，即共建丝绸之路经济带和 21 世纪海上丝绸之路，旨在"借用古代丝绸之路的历史符号，高举和平发展的旗帜，积极发展与沿线国家的经济合作伙伴关系，共同打造政治互信、经济融合、文化包容的利益共同体、命运共同体和责任共同体"。

千百年来，中国秉持"和平合作，开放包容，互学互鉴，互利共赢"的理念，和丝绸之路沿线国家进行平等的经济、文化交流。比如：明朝航海家郑和率领当时世界最大的远洋船队先后七下西洋，航迹遍布亚非，除了带去精美的手工制品外，还将先进的中华文化远播海外。

古代丝绸之路不仅推动了沿线各国的经济发展，还将中华文化带到了异国他乡。欧洲各国的贵族曾将中国瓷器视为外交礼品，阿拉伯国家的工匠结合中国瓷器工艺制造出了波斯瓷器。日本掀起过一股"弘仁茶风"，贵族将模仿中国人品茶视为一种风尚。无数西方人来到中国，泉州就曾因"南海蕃舶"常到，出现了"市井十洲人"的盛况。

如今，丝绸之路上不再有载满货物的骆驼。取而代之的，是丝绸之路经济带纵横交错的铁路网，

以及21世纪海上丝绸之路上络绎不绝的集装箱货轮。古代丝绸之路的先行者早已作古，秉承先人精神的建设者们正在发挥自己的光和热。

"一带一路"倡议自提出后，就受到沿线国家的高度赞扬和支持。在经济全球化的今天，"一带一路"不仅赋予了古代丝绸之路新的内涵，还为沿线各国提供了新的机遇。

为了使人们更加深刻地理解丝路精神，我们组织相关学者共同编写了这套《一带一路百城记》。以优美的文字和水彩绘画结合的形式，艺术化地展现"一带一路"节点城市及所在国家和地区与丝绸之路相关的方方面面，包括丝路遗迹、风景名胜、文化历史、风俗习惯、物产资源等，形成对"一带一路"的完整展示，最终实现一部"唯美的一带一路静态影片"。

希望读者在阅读完这套书后，能够更深刻理解"一带一路"的意涵，对"一带一路"沿线城市有更多的感性认识，不再将其看作一个遥远的符号。

# 一整盒酒心巧克力

威尼斯总是浪漫多情的。

天刚蒙蒙亮的时候，威尼斯河上远远地驶来一艘鼓满了帆的船只，水里迷离的波影荡来荡去。刚刚露出头的太阳洒下淡淡的阳光，运河两边的建筑在阳光下显得圣洁而又浪漫。

过几个小时后，河上的贡多拉越来越多，神秘而英俊的船夫站在船尾，拿着竹竿轻轻一晃，贡多拉便巧妙地与身边的船擦肩而过。驶过叹息桥时，船夫突然转头对游客微微一笑，昂头唱起歌剧来。

经过叹息桥时，一定要在桥下接吻。圣马可钟声在黄昏响起，如果情侣在钟声响起之前接吻，这段爱情就会永恒。这是船夫在开船前告诉游客的话。于是，在清澈嘹亮的歌声中，相拥接吻的情侣从叹息桥下驶过。

和船夫告别，步行来到圣马可广场，寻一处别致的酒吧畅饮一番，饶有兴致地观看那些飞到人们手臂上吃食的鸽子。这时，人们才会理解美国文豪杜鲁门·卡波特在小说《隐秘花园》里写的那句话："夏日，外国游客到来。他们争相投喂圣马可广场上的鸽子。"

等微醺之际，借着迷迷糊糊的劲头，慢悠悠地穿过圣马可广场。广场上的暖风吹散了酒意，余晖下的圣马可广场如同情人的吻，让人心醉。远处运河平静而又梦幻，河水上隐隐约约浮现的光影，像是意犹未尽的人们的心跳。

威尼斯的文化也像一壶美酒一样，叫人沉醉。

　　面具节的威尼斯如同一个狂欢的海洋，漫天的鸽子从圣马可广场的钟楼向总督府飞去，带着五颜六色面具的人们在广场上欢呼。到处是欢声笑语，一片欢乐的景象。举办威尼斯电影节时，这座城市又变成了艺术的海洋，世界各地的电影工作者都会赶到威尼斯，参加这一年一次的电影盛会。

　　就算没有遇到过这些盛会，单是那不知从何传来的雄浑宏伟的音乐声和口味醇厚的威尼斯红勤酒，就足以让人印象深刻。

　　威尼斯到底是什么模样的呢？或许就像卡波特说的那样："流连在威尼斯，就像一次性吃下一整盒酒心巧克力。"

目录

## 第一章　威尼斯与海上丝绸之路

## 第二章　以"桥城"与"百岛之城"之名

## 第三章　畅游威尼斯，不容错过的浪漫邂逅

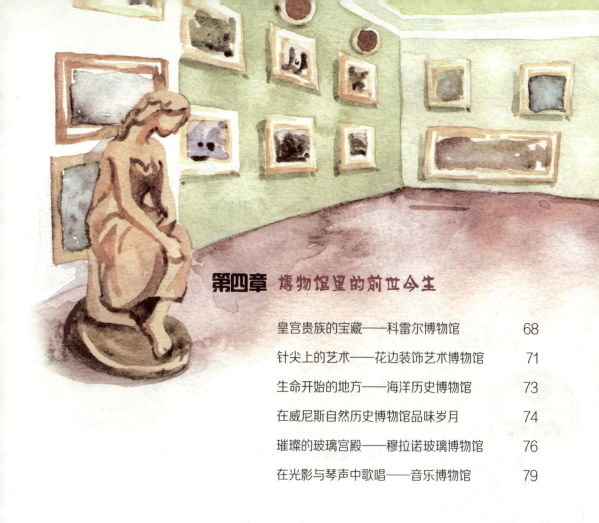

## 第六章　感受威尼斯的文化与风情

# 第七章 威尼斯名人传

# 第八章 威尼斯特产与美食

# 第一章
# 威尼斯与海上丝绸之路

在大多数人看来，威尼斯只是个美丽的旅游城市。那么大家是否知道，威尼斯也是古代海上丝绸之路的重要节点城市。

这座漂浮在水面上的城市屹立千年而不倒。当它还是亚得里亚海的贸易中心时，它每天会迎来来自世界各地的商人。这些热衷于冒险的商人沿着海上丝绸之路，将繁荣带到威尼斯。

如今这座城市已没有了当年的繁华，古老运河哺育出的旖旎景色使它成了旅游胜地。面对着它古朴巍峨的面貌，游人依稀可以感受到威尼斯过去的辉煌。在悠闲惬意的旅行中，威尼斯的历史将慢慢地被游人了解。

# 亚得里亚海上璀璨的明珠

威尼斯，这座世界上最浪漫的城市之一，距今已经有 1500 年的历史。而现在人们提到威尼斯，总是会不由自主地将它和水联系到一起。

毕竟威尼斯的风情是离不开水的。它有蜿蜒斜长的水巷，缓缓流动的碧波。威尼斯就像一场永远不会醒过来的浪漫的梦，诗情画意，光影斑驳，让人流连忘返。

威尼斯坐落于意大利北部的威尼托省，整个威尼斯由潟湖地形构成。俯瞰威尼斯，你会发现威尼斯被密密麻麻的小岛割得细碎，像是一块碎花布。

然而在公元 5 世纪，威尼斯还是一个毫不起眼的小城邦，这里的生存条件恶劣，人口稀少。后来有一群人为了躲避酷暑和外族入侵，纷纷来到这个位于亚得里亚海中的小岛。依托着这个小岛，他们建造了威尼斯这座水上之城。所以，有的人也称威尼斯为"亚得里亚海上璀璨的明珠"。

　　来到威尼斯，面对这座浮在水上的城市，游人或许会对这里的建筑感到好奇：仅仅靠树桩，就可以撑起这些巨大的建筑吗？

　　事实上就是这样。建造之初，人们便在湖底的淤泥中打下木桩，将一排排的木桩紧密相连。打牢地基后，人们在木桩上铺上结实的木板，接着建造房屋。因此，有人说"威尼斯城市上面全是石头，下面是森林"。还有人说，为了建造威尼斯，意大利北部的森林全部被伐光了。

　　作为沿海城市，威尼斯在海洋贸易上有着得天独厚的优势。古时，它便是海上丝绸之路的重要节点。10 世纪时，威尼斯的海洋贸易刚刚起步，经过 4 个世纪的发展，它成了意大利最强大和最富有的城市，是地中海最繁华的贸易中心之一。

　　游人喜欢站在威尼斯运河沿岸，任由古老的海风吹拂自己。不知道这些海风，是否也曾吹拂着千百年前从此扬帆起航的水手？从呼啸的风声中，游人仿佛听到了那些逝去之人的低语，他们正向游人诉说那遥远而又神秘的过往。

# 历尽沧桑的港口，记录旧日的繁华

每一艘满载货物的船，都要经过漫长的海上之旅，才能看到陆地。水手们靠岸停船，卸下货物，补充食物和淡水。商人们将之前带来的货物售光后，再装满新的货物，之后扬帆起航，寻找下一个新的港口停靠。

古时候，人们就是这样进行海上贸易，而将海上贸易连接起来的便是港口。

自古以来，威尼斯港就是意大利最重要的港口之一。宋代时，就有中国的船只到达威尼斯，向威尼斯贩卖精美的丝绸和瓷器，同时将威尼斯的金银带回国内。

马可·波罗的《东方见闻录》问世后，西方人对东方世界的好奇心被激起。那些具有冒险精神的人从历经风雨的威尼斯港口扬帆出海，在向亲人挥手告别后，驶向变幻莫测的大海深处。

最繁华的时候，威尼斯接纳过无数来自世界各地的人。有的商人在此逗留多日，不由得爱上了这座水中城市，甚至萌发了要长久居住于此的念头。不过，很快这个念头便被打消了，因为他们的妻儿还在远方苦等着他们回去。

如今，威尼斯港已经没有了往日的辉煌，它也由带动经济发展的海洋贸易港口转变成了旅游胜地。

然而，面对着这沧桑的港口，又有谁会忘记那段传奇？那些古老的航海家，那些富有冒险精神的威尼斯人，早已成了这个城市文化的一部分。

# 中西方交流新纪元的开辟

**汉**代时，张骞两次出使西域，打通了陆上丝绸之路，也打开了中西交流的大门。不过这条陆路，所以向西只延伸到了地中海沿岸区域，要通过海路才可到达意大利、埃及等国家。

这对希望与威尼斯人做生意的商人来说，实在是有点麻烦。幸而到了宋元时期，中国的航海业空前繁荣，海上丝绸之路逐渐兴盛起来。无数中国商人沿着海上丝绸之路来到威尼斯，与当地人进行交易。著名的威尼斯旅行家马可·波罗当年就是由海上丝绸之路返回的。

不知道是被马可·波罗鼓舞，还是被中国商船带来的璀璨文化吸引，无数威尼斯水手扬帆起航，驶向这个梦一样的国家——中国。

我们的眼前能够浮现出这样一幅画面，水手乘着帆船缓缓驶出威尼斯港口，细雨初停后的小城更显绮丽，港口上的建筑越来越远。这时，迷蒙的天空中出现了一道彩虹，为即将远游的水手送上祝福。

# 在大浪中浮沉俯仰的威尼斯

威尼斯得天独厚的位置，使它成了亚得里亚海最为璀璨的明珠。很长一段时间里，它都是亚得里亚海的贸易中心，欧洲和来自东方的船只都要在它这里停留，那是它最繁华的一段时期。

提到繁华，人们脑海里可能会出现这样一幅画面：港口边停泊的船只密密麻麻地向远处排开，纵横交错的缆绳使人眼花缭乱。海风吹起的时候，那些从遥远的海面上正向港口驶来的船只，一个个扬着鼓得像巨大肚皮的白帆，向站在港口的人展露自己久经风雨的身姿。

在停靠港口的几天里，这些来自世界各地的商人会和当地人做交易。其中，最受欢迎的是中国的瓷器和丝绸，常常供不应求。离开时，商人会在船上装满香料和玻璃，回到故乡后，这些商品的价格会翻几倍。

公元 15 世纪，战争爆发。奥斯曼土耳其帝国攻占了君士坦丁堡，东罗马帝国灭亡。随后，地中海的东海岸被封锁。对威尼斯来说，这意味着许多重要航线的消失。屋漏偏逢连夜雨，黑死病在威尼斯肆虐，而欧洲其他国家早就对长期垄断商贸的威尼斯怀恨在心。

在那段时间内，威尼斯很辛苦。奥斯曼土耳其帝国的侵略、其他国家的煽风点火、死亡率极高的黑死病，让这座城市迅速地失去了贸易中心的地位。

港口难现往日繁华，那些曾对威尼斯"情有独钟"的船只也都有了新的"意中人"。时间一长，人们似乎忘记了笑吟吟的商人，忘记了远方的商品和文明。后来，虽然威尼斯恢复了和平，经济也得到了发展，但因港口的吞吐能力不够，所以威尼斯一直无法成为国际上的大型港口城市。

现在，当人们去威尼斯时，发现这里只能算是一座旅游城市。虽然当年的风貌依稀可辨，不过也只能供人膜拜参观。曾经不可一世、威震地中海的海上霸主已经随历史逝去。

# 首届"丝绸之路城市合作论坛"

2015 年 7 月 23 日，首届"丝绸之路城市合作论坛"在威尼斯举办，宽敞的大厅里坐满了参加会议的人。

中国提出的"一带一路"倡议牢牢抓住了意大利人的心，那些想重振经济的意大利人，自然不会错过这个千载难逢的好机会。

意大利人民密切关注这次论坛，他们明白，这次合作的目的就是为了使人们过上更加富足的生活。

论坛一开始，大家就如何建设"一带一路"展开了讨论，接着双方签署了一些初步制定的合作意向书。这是大家最关心的内容，也是这次论坛举办的重要目的。

最后，合作论坛在一片掌声中落下帷幕，人们带着满意的微笑走出会场，仿佛已经看见了美好前景。

# 21 世纪海上丝绸之路的新篇章

**有**辉煌便会有没落，这是亘古不变的道理。

因为政治、经济、自然环境等多方面的原因，如今的威尼斯已不复当年的辉煌，威尼斯的人口也在逐年递减，很多人无法承受当地高昂的物价而选择侨居外地。这颗亚得里亚海最璀璨的明珠好像要不可避免地走向没落。

在地球的另一边，古老的中国也曾有和威尼斯相似的命运。不过，中国已经走出了阴影，如今的中国已经崛起。

2015 年，中国提出了"一带一路"倡议，与沿线的各个国家积极地发展经济合作伙伴关系。元朝时，威尼斯便是海上丝绸之路的终点。如今，威尼斯依旧是 21 世纪海上丝绸之路的重要组成部分。

随着"一带一路"的实施，威尼斯港与亚洲来往的货船有了更加密切的联系。也许在不久的将来，威尼斯港可以凭借这个机会，重现当年的辉煌。

# 第二章

## 以"桥城"与"百岛之城"之名

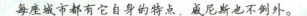

每座城市都有它自身的特点，威尼斯也不例外。

随处可见的桥梁和星罗棋布的岛屿是威尼斯最大的特点，威尼斯是名副其实的"桥城"和"百岛之城"。

你可以在日落时分站在商业桥上看静静流淌的运河，在清晨时分穿过叹息桥听那悠悠流水的叹息。你也可以在穆拉诺岛欣赏流光溢彩的玻璃，在彩色岛赞叹颜色绚丽的房屋。

这里有太多的美景，你要慢慢欣赏。

# 风姿绰约的"桥城"威尼斯

第一次来威尼斯的人，一定会惊叹这里的桥梁之多。威尼斯被划分成 118 个小岛，小岛与小岛之间以 177 条水道和 401 座桥梁连接在一起。因此，威尼斯也称为"桥城"。

刚刚来到威尼斯市区，人们第一眼看到的便是水和桥。桥上熙熙攘攘，桥下船运繁忙。这是威尼斯给人的最直接的印象。

威尼斯的桥梁千姿百态，风格各异。有的宏伟壮观，有的富丽堂皇，有的古香古色，有的小巧玲珑。仅是游览完这些桥，就要耗掉不少时间。

桥的风格不同，站在桥上看到的风景也不相同。

有的桥适合白天观景，纤尘不染的天空平铺在浩浩荡荡的海面上，高耸天际的钟楼呈现出的恢宏影像令人震撼；有的桥适合夜里观景，妩媚醉人的夜晚吹着徐徐凉风，头上是黑黝黝的天空，桥下是悄无声息的流水，宁静舒适的夜晚给人以惬意的享受。

白天，当地人在桥两边摆好摊子，向游人出售各种各样的商品，有背包、玻璃制品、手工花边和一些可爱的小玩意儿。

　　游人们不免被这些小玩意儿勾引起了好奇心，停下来问东问西，但很少有真正购买的。尽管如此，小贩仍热情地解答游人提出的问题。

　　一天过去，他们几乎没有卖出多少商品，但这并不会影响到商贩的心情。他们脸上挂着淡淡的笑，慢悠悠地走下桥，向家里走去，仿佛这一天过得充实而又愉快，事实上的确如此。

　　桥梁虽美，但桥上的风景却更吸引人。若说桥梁是威尼斯的骨架，那威尼斯人便是威尼斯城市的灵魂。

未知的旅程，
从踏上赤足桥开始

刚到威尼斯，从桑塔露琪亚火车站一出来，人们就能看见一座白色的大理石单拱桥横在不远处的运河上，这便是大名鼎鼎的赤足桥。

无论在哪个国家，车站总是人来人往，车辆川流不息，威尼斯也不例外。

这里时时刻刻都非常热闹。刚下火车的游客拖着大包小包，手里拿着手机，边走边导航，还要不时停下来向经过的威尼斯人问路，这一切弄得游客有点手忙脚乱，不一会儿便走错了路。

不过，他们可没有露出任何不愉快的表情。相反，每一次小麻烦都让他们变得更兴奋。能接触一座新的城市，在新的城市里生活一段时间，想想就觉得兴奋。

赤足桥的旁边有一条热闹的商业街，靠近这条商业街，一股冰淇淋的奶油味扑鼻而来。在威尼斯，冰淇淋可并不只是小孩子的最爱，似乎人人都对冰淇淋情有独钟。

走上赤足桥就意味着将要踏进威尼斯了。

有的人心情平静,所谓无知者无畏,在他们还未接触到这座城市之前,这里的一切都显得那么普通。或许,有些人只是将赤足桥当做一个"到此一游"的见证者罢了。不过那些威尼斯的"粉丝"也不用生气,因为威尼斯可以用自己的美丽俘获他们。

有的人则心情激荡,无法平静。他们曾在书上、电视上听过威尼斯的大名,也曾在午夜梦回之时默念过这个名字。假如威尼斯是一位风姿绰约的姑娘,他们还会故作惊讶地说:"这位妹妹,我好像是见过的。"

踏上赤足桥,在川流不息的人群中,回头望一眼火车站,旅途便开始了。

# 来学院桥感受这座城市的浪漫

学院桥是威尼斯所有桥梁中唯一的木桥。它于1854年建成，1985年被重建。如今，游人们站在桥上时，依然能感受到古朴的气息。

学院桥紧挨着威尼斯学院美术馆，它的名称也由此而来。这里的风景十分美丽，很适合拍"到此一游"的照片。

天气晴朗的时候，漫步在古老的桥上，头顶是湛蓝的天空，眼前是波澜壮阔的大运河，周围的房子在阳光下闪耀着不同的光辉，威尼斯就这样呈现在你眼前。

如果在傍晚时分来到这里，便可以望到远处的安康圣母教堂。夕阳西下，淡淡的金光洒在教堂的墙上，水面也闪烁着温暖的阳光，偶尔有船只划过，水面立时被船头划出一道波纹。

仔细观察，你便会发现桥上有许多大小各异的锁，这可是情侣们爱情的结晶。据说情侣只要一起将一把锁锁在桥上，把钥匙抛进河中，他们两人的爱情就会天长地久。

浪漫的威尼斯，处处都有浪漫的故事。

# 在钟声响起之前接吻
## ——叹息桥

在威尼斯，最不可错过的桥就是叹息桥。

清晨，海风悠悠地吹过来，游人搭上一艘小船，沿着威尼斯纵横交错的水道闲逛。通常情况下，摇船的小哥会主动把游人带到叹息桥。拐过一条水道，迎面就是叹息桥，两侧是一排古老的建筑物，洁白的叹息桥横在它们中间。晨曦的阳光在叹息桥正面洒下一层光晕，水面上波光粼粼，叹息桥在阳光中也变得朦胧、神圣了。

叹息桥建于 1603 年，左边的都卡雷宫是威尼斯当时的总督府，右边是令人压抑的监狱。

在那个时期，被判死刑的犯人在总督府接受审判后押往监狱，其必经之路就是叹息桥。

整座桥封闭得严严实实，只向运河一侧开了两个小窗口。犯人被带到监狱，经过这座密不透风的桥时，他只能透过那两扇小窗看着外面的蓝天和清澈的流水，不禁发出悔恨的叹息。叹息桥因此得名。

如果是一对情侣乘船经过叹息桥，热情的划船小哥会笑着对他们说："经过叹息桥时，一定要在桥下接吻。圣马可钟声在黄昏响起，如果情侣在钟声响起之前接吻，这段爱情就会永恒。"

其实中国也有类似的仪式。在每年七夕的夜晚，葡萄架下相拥的情侣若能听一听牛郎织女说的情话，爱情也会更加甜蜜。

虽然这只不过是一种憧憬而已，爱情能否长久取决于相爱的两个人。只要真心相爱，即使不到叹息桥也会甜蜜。不过那些到威尼斯的情侣，总会在钟声响起前来到叹息桥下。

开放时间：4月1日—10月31日 8:30—19:00（最晚进入时间为18:00）；11月1日至次年3月31日 8:30 —17:30（最晚进入时间为16:30）。

门票：免费。

# 威尼斯唯一的现代化风格桥梁——宪法桥

宪法桥是威尼斯唯一一座具有现代化风格的桥梁。2008 年，意大利为庆祝宪法通过 60 周年而建造了它。

站在这座桥上，你能从横跨大运河的桥身感受到这座桥恢宏的气势。到了晚上，华灯初上，桥上亮丽的风景吸引了很多游人前来观看。

宪法桥刚刚建好时，人们还因为桥面的坡度引发过争执。它的桥面设计得相当陡峭，对那些老年人和腿部有残疾的人来说，要登上宪法桥并不容易，这种不人性化的设计被许多人批评。

不过，既然桥已落成，它便属于威尼斯了，它以强烈的现代化风格为威尼斯增添了新的元素。虽然它的现代化风格与文艺古朴的威尼斯水城格格不入，不过这阻挡不了游人来此参观的步伐。

# 莎士比亚也为它沉醉
## ——商业桥

在威尼斯，有的桥适合黄昏时游览，商业桥就是其中一座。商业桥又叫里亚托桥，架设在威尼斯大运河中央的位置。桥身用纯白的大理石筑成，桥中央则是一个小巧的亭阁，整座桥身布满了雕刻精美的图案，使得大桥看起来像一件精美的艺术品。

许多本地人在桥上摆摊，桥下水流潺潺，两岸是坐满了人的露天餐厅和独特的商店。商店里卖的东西价格各异，大多都是纪念品。在这里，人们能感受到浓厚的商业气息，著名剧作家莎士比亚的名剧《威尼斯商人》就是以商业桥为背景。

这里每天都停不下来，人来人往，热闹非凡。有的游人觉得这里太喧嚷便绕道而行，等待人少时才来欣赏美景。

若是站在桥上眺望运河远方，摩肩接踵的人群、充满威尼斯气氛的咖啡馆、运河上的游船、两岸繁华的景象都尽收眼底。

到了傍晚，游人纷纷散去，那些工作了一天的当地人踏着悠闲的步伐，来到运河的亭阁。他们是聪明的，因为这时候的商业桥展现出的面貌与白天完全不同。

桥上空空荡荡，残阳低悬在波光粼粼的水面上，水天相接之处呈现一片瑰丽的色彩。人们陶醉在这壮丽的辉煌之中，静静地等待天黑。

或许，在那些不喜欢热闹的人看来，黄昏时的商业桥才是美丽的。这时它已洗净铅华，以最原始的面貌打动在世俗中游荡的人。

23

# 数不尽的岛屿，赏不完的美景

威尼斯被纵横交错的水道分割成 118 个岛屿，于是威尼斯有一个形象的别称——"百岛之城"。

威尼斯没有汽车，到处是纵横交错的水道。有人说，除非有船和桥，否则你无法到达对岸，事实的确如此。

由群岛集合而成的威尼斯与相邻的城市之间隔着一条细长的沙洲，以前，若是碰上阴雨绵绵的天气，海水涨潮，淹没沙洲，威尼斯就真的成了孤立无援的岛屿，人们要驾驶船只才能去往陆地。

现在，当地政府在沙洲外面修建了保护其不被淹没的公路和铁道，涨潮的时候，威尼斯变成了一艘被绳子系在码头上的画舫，随着海浪起伏。

　　刚刚到威尼斯时，人们很容易便被纵横交错的水道弄得晕头转向。不过这也没什么，游人只需坐在船上，在微风的吹拂下，惬意地欣赏这令人魂牵梦萦的城市足矣。在细雨蒙蒙之时，游人也许还会觉得这就是意大利的"周庄"呢。

　　威尼斯的每个岛屿都有自身的特点，游览完一个岛屿，只需告诉船夫你的下一个目的地，船夫拿起船桨如同握上方向盘一样，马力十足地朝目的地赶去。在威尼斯，船是通向各个岛屿最便捷的交通工具。

　　有的岛屿面积十分狭小，也许你漫无目的地走几步，就可能到了海边；而有的岛屿面积十分庞大，岛上坐落着气势恢宏的教堂和宫殿。有的岛屿是著名景点，你一上岸便会被周围游人的嘈杂声所包围；有的岛屿宁静古朴，没有一丝现代城市气息，坐在岸边，你甚至可以听到远处贡拉多破开水面的声音。

当然不是每个岛都欢迎远来的游客，那些长久无人问津的岛屿如同远古的沉睡者，仍日复一日地在清冽的海水中沉睡。

　　有的人的游览时间有限，而他们又实在想多欣赏几座岛屿，于是这些人像参加百米赛跑一样，看一眼这座岛屿，便急匆匆地赶往下一个目的地。他们最后是否得到了"飞人"的称号？我们不得而知，但可以肯定的是，在这种繁忙的行程中，他们已经错过了无数的美景。

　　游览威尼斯是不能够着急的，即使你明天就要离开这座城市。你不如随意找个地方坐下来，让阳光温柔地洒在自己身上，静静地欣赏着岛上的风景。那被卷到岸上的小浪花，还有爬满墙的络石藤，不都是风景吗？又何必在匆匆的步履中寻找？

# 繁华落尽的世外桃源
## ——托尔切洛岛

**托**尔切洛岛曾无比繁华，是威尼斯悠久文明的发源地之一，可如今却成了威尼斯众多岛屿中最寂寞的一个。岛上零星坐落着几座古朴的建筑，至于其他繁华和文明的象征，注定与这座岛屿无缘。

和其他岛屿相比，托尔切洛岛极小，岛上只住着三十户人家。在经过房舍时，游人可以看到依偎着房舍的葡萄园。这里长满了野花，风景优雅别致。

顺着大道走，快到尽头时便能看到一座高大雄伟的大教堂，这大概是小岛上最富有文化气息的建筑了。

岛上并不是只有一条道路，沿途有很多地方铺设了小路。站在小路上向远处看去，隔着老远的河道那边露出些房舍的尖顶，尖顶后探出的一抹新绿，令人心情愉悦。

不过岛上也有颇具现代化气息的场所，那些有点像民居的咖啡馆坐落在道路两侧。有些人特意停下来，坐在咖啡馆里休息，其实并非他们累了，只是想停下来好好欣赏一下这美丽而又宁静的风景。一杯咖啡便可以使他们瞬间平静下来，不过这片平静很快被玩闹的孩子打破，因为前面不远处有一家游乐场。

岛上还有一座钟楼，钟声每日响三遍，此时周边岛上的钟声会同时响起，各种各样的钟声交织在一起，像是在演绎浑厚的歌剧。尤其在黄昏之时，这座没有游人喧嚣的岛屿在落日的余晖中显得古老又温馨。

有时候，人们还会看到在教堂那边正举行婚礼，这是简简单单的意大利传统婚礼。一对新人在青葱翠绿的林间深情对视，脸上荡漾着幸福的笑容。这是最简单的幸福，也是可遇不可求的。

# 流光溢彩的"水晶岛"
## ——玻璃岛

　　位著名设计师曾说："如果没有这些可以像古老珠宝一样反射烛光的透光吊灯，威尼斯就不会是今日的威尼斯。"这里所说的透光吊灯就源自威尼斯最著名的小岛之一——玻璃岛。

　　在威尼斯主岛叫一辆汽艇，顺着威尼斯运河的水流划去，不一会儿，人们就能看到这座流光溢彩的"水晶岛"。岛上随处可见大大小小的玻璃作坊，有的豪华富丽，有的年代久远，有一两百年历史的作坊不在少数。

　　玻璃岛本名为穆拉诺。10 世纪时，这座小岛就因高超的玻璃制作工艺声名远扬。在 17 世纪初到 18 世纪末，穆拉诺生产的彩色玻璃制品风靡欧洲，其中金色和红宝石色的玻璃最受人欢迎。

　　如今，穆拉诺的玻璃制品已经销遍世界。在不少大都会的高档珠宝店里，都摆放着穆拉诺生产的玻璃制品。

不过，若是你想来此处看风景，这座岛就略显得凄凉了。站在河岸边，放眼望去，无边无际的河水随风流动。河上有几根露出水面竖着的木桩，两两一对，中间的空地便用来停靠船只。它们不知在这里存在了多少年，任凭风吹雨打，变成了如今的样子。它们的存在，就是这座岛上一道独特的风景。

　　细雨飘飘之时，阴霾的天空像是要坠入海里，乌云好像压在河面上。此情此景，不禁使人觉得沉重压抑。游人会忍不住想：假如没有船只，如何在这孤岛上生存？如此想着，很容易让人产生一种被遗弃荒岛的无助感。

# 上帝打翻了调色盘

## ——彩色岛

**彩**色岛大概是世界上颜色最丰富的小岛了。有人说,上帝不小心打翻了调色盘,所以才有了彩色岛。

的确,岛上那斑斓的色彩令人眼花缭乱。原本在你面前的是红艳艳的建筑,可转过墙角,墙面又变成了蓝色。有人说,你永远也无法知道下一座建筑会是什么颜色,除非你正亲眼看着它。

岛上的一切都令人感到惊奇,真的是上帝打翻了调色盘吗?别着急,听当地人告诉我们它的来历。

原来在以前，这座岛上的人以捕鱼为生。在那个时候，白天岛上几乎所有男人都要下海捕鱼，女人就在家里做家务。夜幕降临之时，男人们才返回港口，带着大大小小的收获往家中走去。

当男人驾着船在海浪中漂荡时，他们十分想念自己的家人。他们站在船头，远远地看向家的方向，然而岛上的每一栋房子都很相似，男人们分辨不出来。

后来，有一个女人想出了一个主意——她把自己家的房子漆上了很鲜艳的颜色。接着，岛上的居民纷纷效仿，把房子刷成独特的颜色。这样，每一个男人在打鱼时都可以看到自己的家。久而久之，岛上的房子都被涂成了五颜六色，彩色岛也由此而来。

岛上的房子不仅色彩斑斓，里面的布置也同样精致。

一般来说，游人是没办法进去的，只能透过窗玻璃向里窥探。不过这丝毫不影响游人欣赏此处的美丽，隔着薄纱向里望去，可见温和的阳光射进屋子，洒下一大片光晕。屋内的陈设不尽相同，人们有时能看到一盆花，有时能发现一幅风景画，有时可以欣赏到花边制品……

站在五彩斑斓的房舍之间，你会突然感觉到这漂浮在运河之上的小岛最吸引人的地方，是家家户户所呈现出的温馨。这里所有缤纷的色彩和精心的装扮，都源于平淡而又幸福的生活。只要细心，人们便能感受到岛民对生活浓浓的热爱。

交通：游人可以在 Fondamenta Nove 水上巴士站乘坐 ACTV 12 路水上巴士，或是在玻璃岛 (Murano) 的 Faro 站乘坐 ACTV 12 路水上巴士。

开放时间：全天。

门票：免费。

# 第三章

畅游威尼斯,
不容错过的浪漫邂逅

　　邂逅威尼斯,是怎样的体验?天刚蒙蒙亮的时候,威尼斯河上远远地驶来一艘鼓满了帆的船只,水里迷离的波影荡来荡去。刚刚露出头的太阳洒下淡淡的阳光,运河两边的建筑在阳光下显得圣洁而又浪漫。

　　这样的场景很常见。威尼斯总是浪漫多情的,它既有轰轰烈烈,也有浓情蜜意。

　　属于你的浪漫在哪儿?你要走进这座平静而美丽的城市,走进那些历史悠久充满浓郁艺术气息的建筑。

# 水城灵魂的哺育者
## ——威尼斯大运河

如果想全面而又不失浪漫地游览威尼斯，水上行舟是最好的办法。初至威尼斯，或乘坐水上巴士，或租一条贡多拉小船，浮在威尼斯运河上，飘飘洒洒前行，美景便悄然而至。所到之处，秀丽风光尽收眼底。

古老的运河就静静躺在这片更为古老的土地上，孕育着这座美丽的城市。行驶在河上，宽阔的河面让人一眼望不到尽头，河水清澈平静，不时有各色各样的船只从身边川流而过。撑船的船夫大多是样貌帅气倜傥的小伙子，行驶中他突然回头冲你亲切地一笑，怎能不令人心情愉悦？

有时候正划着船，细细品味岸上风景，天空却落下滴滴小雨，湖面上涟漪四起，细密的雨丝就这样落到你身上，落进清澈的河水里。

　　在阴沉的天空下，两岸色彩斑斓的房屋也蒙上了一层细细的薄灰。偶然掠过的贡多拉在水中轻快行驶，像燕子一样，划开清澈泛着涟漪的流水，划开这城市的风流。这般风景，只有雨天才能见到，别具风情。

　　最美丽的是黄昏时分，威尼斯大运河依偎着黄灿灿的落日，金色的余晖洒在平静的大运河上，令人沉醉。在两旁建筑映衬下的大运河，像极了古老的充满智慧的诗人。

　　自古以来，有许多文人在大运河上留下自己的笔墨，希望将自己与大运河联系起来，将历史云烟与悲欢离合都沉到这古老运河的河底。这些文人已逝，他们留下来的传说却亘古流传。

# 浪漫到极致的文化圣地
## ——圣马可广场

美国文豪杜鲁门·卡波特曾说过："流连在威尼斯，就像一次性吃下一整盒酒心巧克力。"圣马可广场，就是蕴藏在巧克力中香醇的酒，是整个威尼斯最美丽、最浪漫的地方，也是每个充满文艺气息的人心中最向往的地方。来到威尼斯，不可不去圣马可广场游览一番。

1797 年，拿破仑攻占威尼斯后，他被城市旖旎的风光所征服，称赞圣马可广场为"欧洲最美的客厅"，下令将广场旁的行政大楼改成了他的行宫，只是为了能日夜看到圣马可广场。

在平常的日子里，你可以慢悠悠地穿过广场，到旁边的酒吧间里畅饮一番。这时候，你能看到窗户外面的广场上有人把食物撒向鸽子。正如卡波特的小说《隐秘花园》里写的："夏日，外国游客到来。他们争相投喂圣马可广场上的鸽子。"

若你在威尼斯狂欢节时来到圣马可广场，就会发现这个气势磅礴的广场变成了宴会厅，人们戴着各式各样的假面，穿着巴洛克、洛可可风格的复古服装，在广场上演绎自己的故事。

兴致勃勃的游客会提前租好服装，买上一副奇幻诡秘的面具，化身成中世纪的贵族，与当地人在这个露天的宴会厅翩翩起舞。

广场两旁的商店也颇有人气，商店里摆满了琳琅满目的商品，人们在拥挤的商店里进进出出，专心致志地挑选商品，或者仅仅欣赏店主为狂欢节准备的惊喜。

狂欢过后，人群散去。暖风徐徐吹来，远处的运河显得平静又梦幻，河水上隐隐约约浮现的光影，像是意犹未尽的人们的心跳。这时候再看落日余晖掩映下的圣马可广场，更有一种浪漫、古朴的美丽。

**小贴士**

交通：跟着 Piazza San Marco 标志步行可到，也可乘坐水上巴士到 Piazza San Marco/San Zaccaria/Vallaresso 站。

# 俯瞰众生的『使者』
## ——威尼斯钟楼

站在圣马可广场中央，便能看到矗立于威尼斯的最高建筑——威尼斯钟楼。这座雄伟的建筑物就这样真实地竖在眼前，仰头看去，温和的阳光从碧蓝的空中洒下，如梦如幻。

站在塔顶，可以看见另一番景色。向远处眺望，繁华尽收眼底，人流涌动，远处水面随风泛起波浪，波光粼粼，风景宜人，美不胜收。若向更远处眺望，还能看到天边连绵起伏的白色群山，那是阿尔卑斯山。

钟楼顶端总是热闹的，年轻的儿子带着年迈的父亲，丈夫陪着妻子，老人带着小孩，衣着入时的人脸上都洋溢着笑容。

这时，街边的商店，远处的运河，高耸的教堂，码头边停靠的白色小船，都变得温暖而亲切，一切都沾染了人的气息，充满无限活力。

# 有趣的艺术博物馆
## ——总督府

**来**过威尼斯的人一定不会对总督府陌生，这座建筑十分独特，无论在威尼斯待多久，走过多少别样的城市，人们仍旧无法遗忘这座风格独特的建筑物。

总督府与圣马可大教堂相邻，同样是风格独特的哥特式建筑。不过以前在威尼斯经商的阿拉伯人很多，时间一长，总督府便带有了伊斯兰建筑的影子。现在，总督府已经变成一个十分有趣的艺术博物馆了。

在游览总督府时，你会发现很多乐趣。或许你刚进来就会被石梯顶部精美的大理石雕刻吸引，其实它只不过是通向总督府二楼的一座小楼梯而已，不过配上两侧射来的灯光，的确营造出了一种雍容华贵的效果。

一走进楼上的大厅，你便能感受到古老神秘的气氛，这是精美富丽的装饰品和满是油画的天花板带来的。意大利绘画天才层出不穷，意大利人又怎么会错过这样一个展示他们绘画能力的机会呢？

# 威尼斯心脏
## ——圣马可国家图书馆

在圣马可广场与总督府相望的宏伟建筑，就是圣马可国家图书馆。这座图书馆始建于 15 世纪，是建筑大师珊索维诺为威尼斯留下的一个杰出作品。

威尼斯的宏伟建筑很多，但是圣马可国家图书馆却有相当重要的位置，人们称它为"威尼斯心脏"。

在很长一段历史时期里，威尼斯是威尼斯共和国的首都。这个国家在意大利占有很多领土，除此之外，另一个文化圣地希腊，也有很多城市被它占领。它掠夺了很多藏书，大多数都是珍贵的古籍旧书。而这些书籍都被放在了圣马可国家图书馆中。

圣马可图书馆也是意大利最大的图书馆之一，据统计，这里有近百万册书籍。书籍中是无尽的文化、历史，因此称这座图书馆为"威尼斯心脏"合情合理。

不仅仅是当地人，其实游客也十分喜欢这座图书馆。圣马可广场上匆忙的游客来来往往，人们披着阳光，踏着宽阔的马路，呼吸着蕴含着威尼斯运河味道的湿润空气，穿行在其他恢宏壮观的建筑物之间，了解和学习关于威尼斯悠久的历史。

其实，在圣马可国家图书馆静静地待一下午，闻着清雅的书香，便可以详细地了解这里的历史与风土人情。

图书馆分两层，一楼是商业休闲区，二楼是图书馆。通过中央的楼梯来到二楼后，能看到屋顶的石栏杆刻有栩栩如生的人物雕像，十分精美。

从这里看圣马可广场，能看到一片繁华的景象。艺术表演者、热情的小贩、温馨的咖啡店、聚了又散的鸽子、来来往往的游客……给这座水灵的城市灌注了无限活力。这里聚集着很多宏伟的建筑，而圣马可国家图书馆的存在，更是给灵动的威尼斯增加了浓郁的文艺气息。如果在早上去得过早，图书馆可能还没开门。站在广场向二楼望去，透过敞开的窗户能看到里面书架上密密麻麻地排列整齐的藏书。

地上阴影渐移，累了的话可以坐在一楼后面的咖啡馆里，要一杯香浓可口的咖啡。你可以静静地喝着咖啡，看圣马可广场中稀稀落落的行人正自顾自地走着。鸽子落在广场另一边，低着头，慢悠悠地转动脑袋，一会儿，拍拍翅膀，向高远的天空飞去。

清晨阳光明媚，云影稀疏，整个广场显得辽阔，圣马可国家图书馆在阳光照射下，散发出圣洁的光辉。穿着紫色连衣裙的姑娘背着单肩包，慢悠悠地朝咖啡馆走过来，迎着光辉的脸庞露出干净的笑容，秀发在空中飞扬。

这样的时刻，难道不醉人吗？

# 在扎泰雷码头与悠闲邂逅

在繁华喧闹的威尼斯城市中心待久了，难免会想暂时逃离此地，寻找一处清静悠闲的地方。扎泰雷码头就是这样一个地方，它远离游客区，旁边是风光无限的河面，周围是清新文艺的咖啡馆，以及卖各种纪念品的小商店。

来到这里，你能看到那些漂亮热情的店主露出的笑容。运气好的时候，你还有可能遇到当地办双年展，名家艺术品摆在这里供人免费参观。

不过是来这里旅游，来到此处也只是为了闲逛，怎么碰上了这么多艺术品？你也许会有点懵。不过，当你认真欣赏那些精妙绝伦的艺术品时，就会忘记自己的初衷了。当你参观完之后，或许还有"入宝山而空回"的遗憾。走得累了，你可以找一家路旁的咖啡馆坐下来，点一杯咖啡。边喝醇香的咖啡，边眺望海上的美景。看海鸟低飞，碧空湛蓝，运河上点点船只随风摇曳，这是多么柔和温馨的景象。

夕阳西下之时，此处又充满了生活气息。背着书包的孩童一边和小伙伴聊天，一边从你的身边经过。顽皮的孩子，总是说不了几句话，就又开始追逐打闹。不一会儿，他们就消失在你的面前。幸而还有踱着步子往家走的老人，他们神态安详，还会和路过的孩子说几句话。远处，夕阳透过树叶洒下梦幻的影子，让此处变得浪漫多情。这一切，都让人舍不得离开。

虽然总会面临分别，不过此时，你不妨将自己的步子放慢，尽情地享受这悠闲时刻。

# 浴火重生的凤凰
## ——费尼切歌剧院

对古典音乐和歌剧爱好者来说，来到威尼斯后不可不去费尼切歌剧院，此处是他们的"圣地"。

费尼切歌剧院又称为凤凰歌剧院，它是一座历经磨难的歌剧院，历史上曾被大火焚毁过三次，但每次都浴火重生，其"凤凰"之名也因此而来。

这座歌剧院坐落在威尼斯一条不知名的小巷中，并不显眼，如果不是事先留心打听，你可能会错过这座大剧院。虽然这座歌剧院外表看起来简单朴素，内里却是富丽堂皇，极尽奢华。

这里上演过大量著名歌剧，《茶花女》便在此首演，还有无数钢琴家、指挥家和作曲家在这里登台演出。歌剧院前厅里陈列着著名女高音歌唱家玛丽亚·卡拉斯当年的剧照，此地常年有她的唱片销售，很多人来此凭吊她。

45

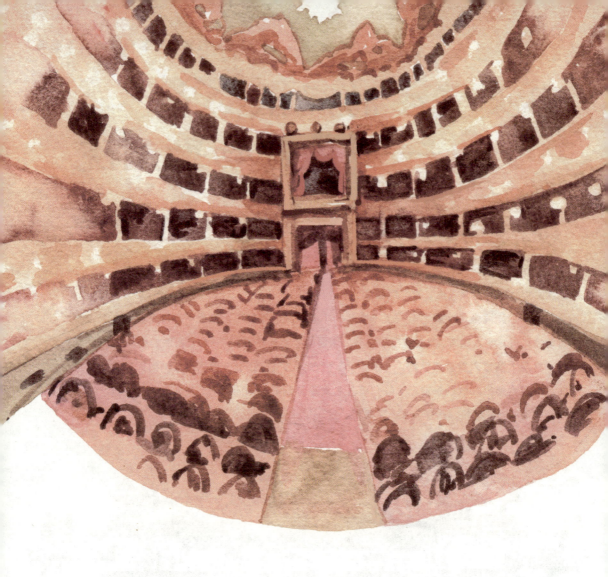

　　现在，人们可以在没有演出时进歌剧院里参观，或者花几欧元去欣赏一场演出，大饱眼福和耳福。不懂意大利语也没关系，这并不影响你在歌剧院里的观看体验，更何况歌剧院会提供英文字幕。

　　当音乐声响起，人们坐在这座被称为"意大利最优美的剧场"里，可以自在地畅游于艺术的海洋。有时候会在偏厅演出巴洛克音乐，歌唱家优美的歌声便充斥在大厅里，听完一首曲子，人们也仿佛了解了那个繁华的旧时代。

　　一场音乐盛会结束，跟着涌动的人流走出来。这时，太阳已经归家，华灯初上，歌剧院也披上了一层暗影般的薄纱，朦胧而婉约。售票亭旁有家书店，里面亮着灯光，看着在里面翻阅书籍的人，人们会真切地感受到威尼斯的文化艺术氛围。

# 贵族身份的象征
## ——拉比亚府

**拉**比亚府坐落于威尼斯水城的小运河边，在当地赫赫有名。潺潺河水懒洋洋地从府前流过，使得拉比亚府充满浓浓的威尼斯风情和特色。

这是威尼斯当地著名的豪宅。在阳光照射下闪闪发光的外墙，有浓郁的巴洛克风格的窗户，无不透露着高贵典雅的贵族气息。

府内又是另一番景象，除了琳琅满目、令人目不暇接的珍贵藏品，金碧辉煌的墙上还装饰着意大利画家提埃波罗最为著名的几幅作品。要是运气够好，你还可以在这里碰上音乐会，悠扬悦耳的音乐声会飞出墙外。

真要把这座堪比宫殿的府邸游览完，可是要花一番工夫的。可是花点时间又有什么关系？在这炎热的夏日里，音乐声悦耳，阳光在四周流转，如果能在这里慢悠悠地走上一段时间，是多么惬意的事情。

# 艺术爱好者独享的天堂
## ——黄金宫

黄金宫真的是由黄金建成的吗？当然不是。这座号称威尼斯最杰出的哥特式建筑，其外墙曾用大量金叶装饰过，从外面看起来金光闪闪，好似黄金贴身般富丽堂皇，所以人们称之为黄金宫。

　　不过要是你现在去黄金宫，会发现它的外墙是白色的，只是在阳光的照耀下会隐约泛出淡淡的金色光芒。

　　这座依水而建的哥特式建筑有一种妖娆的美，仅仅站在水上巴士远远欣赏，便能感觉出蕴藏其中的厚重，要是再加上这里面收藏的珍贵画作，称之为黄金宫一点也不过分。

　　黄金宫与亚托桥相邻，隔着运河与圣波罗区遥遥相望。它是威尼斯一座古老的宫殿，现在已经变成了一家美术馆，用以展览古老的珍品绘画。馆内设施与艺术氛围都可以使黄金宫跻身一流博物馆。

　　此外，人们不仅能在这里欣赏风格独特的威尼斯本土画派作品，还可以从还原的总督府装饰中感受到曾经的威尼斯共和国统治者的高雅品位。

　　展馆本身所含有的那种安静的气质，与墙外喧嚣、繁华的威尼斯水城形成鲜明对比。墙外游人如织，墙内则寂静无声，一片安详。这里就像远离尘世的精神乐园，给予往来的游客精神洗礼。

　　参观完后，人们依依不舍地离开这座宫殿。坐在水上巴士上，随着水流摇摇晃晃，恍惚间还以为这座宏伟的水上宫殿也会随着水流消失。

　　真舍不得离开啊，于是又回头看了一眼这座闪着金光的宫殿，并对自己说："下一次我还会来。"

**小贴士**

**交通**：乘 1 号水上巴士在 Ca' d'Oro（黄金宫）站下船。

**开放时间**：8:15 — 19:00；不要在复活节、圣诞节和元旦休息时来这里，否则会吃闭门羹。

# 历久弥新的存在
## ——格拉西宫

**从**火车站出来，从繁忙的人群中穿过，向着在阳光斜照中静静横在河面上的亚托桥方向走去，穿过不起眼但是别有情调的清新小巷。就在你不知身处何地时，一转头就会看到粼光闪烁的运河尽头矗立着一幢古老的教堂，下午五点的阳光轻柔地打在教堂屋顶，像是一片羽毛落下。教堂紧闭着大门，从窗子外朝里望，一片漆黑，什么也望不到。

这时候，顺着阳光照射的方向拐进教堂旁边的小路，穿过一扇小门，格拉西宫就这样静静地在傍晚的余晖中沉睡。

格拉西宫是一座风格独特的博物馆，展厅内展示出了许多收藏的现代艺术品，人们可以从中发现如今的时尚风向，而展厅的设计也暗喻了过去和未来的关系。

格拉西宫靠近水岸码头，码头上陈列着许多精美的雕塑作品。码头上游人欢快的喊叫声，树叶随风摇晃的沙沙声，远处运河上偶尔传来的响亮的汽笛声，这些声音让格拉西宫变得生动活泼，展厅中的艺术品也变得鲜活了。

# 建筑大师一生的遗憾
## ——雷佐尼可宫

**18**世纪时，Bon 家族成了雷佐尼可宫的主人。可没过多久，Bon 家族便衰败了。之后，雷佐尼可家族购买了这座宫殿，这也是雷佐尼可宫名称的由来。

与雷佐尼可宫大有渊源的名人不在少数。

在最早的时候，它是闻名世界的画家提香的画室。可以说，提香的一生都离不开威尼斯，无论是生前还是身后，他都在威尼斯获得了应有的尊重与赏识。当这位大师最后死在威尼斯时，当地人将他的遗体保留在大教堂中，希望后世之人能够记住他。

隆格纳与雷佐尼可宫也有深厚的渊源。隆格纳是威尼斯享有盛名的建筑师，17 世纪中叶，隆格纳设计建造雷佐尼可宫，未竣工便与世长辞，不得不说是个遗憾。隆格纳去世后，马萨里接手此工程，最终于 1750 年竣工。

还有一位是诗人罗伯特·勃朗宁。他的儿子买下了这座宫殿做居所，勃朗宁便在这里度过了他生命中的最后一段时光。轻纱漫卷，光影交错，熏烟袅袅，他常一手持卷，一手抵额。生命中最后的时光就这样悄悄溜走，也未尝不是一种慰藉。

人们在这里可以与艺术进行真正的交流，这座巴洛克风格的宫殿里陈列着许多16—18世纪优秀的艺术品和家具等富有生活气息的展品，《婚礼的寓言》等著名壁画便是其中一部分。人们从这些展品里可以了解到威尼斯人传统的生活方式，以及他们在绘画艺术方面的高超造诣。

宫殿顶楼有一扇精致的小窗户，窗户敞开着，从这里可以拍到外面美丽的风景。窗外是波澜壮阔的大运河，远处的河面几乎与低垂的天际相接。

这里的一切既是名流生活的象征，又是璀璨文化艺术的体现。人们眼里看到的一切，既奢靡，又朴素；既古典，又潮流，让人心醉。

# 感受历史的召唤

# ——莫切尼戈府

莫切尼戈府是一座具有强烈地中海风格的建筑，它由莫切尼家族建造，拜伦曾经在这里租住，也在这里写出了许多浪漫唯美的诗，现在是一座面料和服装历史博物馆。

从外面看那些普普通通的围墙，以及无特色的窗框，人们似乎觉得这座博物馆也没什么特别之处。

可是当你进去后便能发现，这些再普通不过的围墙和窗框，却能轻而易举地将最具威尼斯特色的光线带入辉煌的建筑内，如同一位作家准确、传神地将一个姑娘含情脉脉的样子描写了出来。

屋内历史悠久的吊灯保存了许多个世纪，却没有一丝破败之气。在过去，这种装饰风格引领了潮流，而现在它将继续引领。

一楼是展览香水瓶的地方，这或许是女性游客最喜欢游览的地方。那些想要催促伴侣快点游览的男游客，或许也会在不知不觉中被这些造型独特的香水瓶吸引。当然，在大多数时候，他们都会穿过休息室，随意地闲逛，在旧时期的家具陈列品、服饰、文物之间穿梭，品味艺术的魅力。

爬上楼梯后，人们便能真正感受到这座博物馆的壮丽。

18 个房间错落有致地散落四周，房间里都陈设着古董家具和杰出画作，还有那些属于文艺复兴时代风格的服饰，让人在恍惚间又回到了那个黄金时代。

有个房间收集了很多看起来很现代的纺织品，这使房间充满了现代感。在这儿还能闻到一股不知名的香气，令人陶醉。

站在馆内，人们可以充分感受到威尼斯的气息和精神。如果足够幸运，还会遇上神秘的博物馆经理。这个特殊的导游，会详细地为你讲解关于这座博物馆和珍品的历史。在她讲述的过程中，你也能感受到她对这座博物馆的热爱。

时间匆匆流逝，生活一点一滴悄无声息地进行着，车轮转动得太快，使人们几乎忘记了欣赏路旁的风景。人们很少回首望一望走过的铺满落叶的林间小道，等他们停下来，才发现自己什么也没留下。

何必让自己那么匆忙？一幅古香古色的油画，一件精致亮丽的衣服，一张厚重结实的木桌，就能将人们带回过去。

阳光轻轻洒下来，站在莫切尼戈府二楼有些朦胧昏暗的房间里，古老的画轴渐渐在人们眼前展开。这时候，久远到几乎被尘封的往事就这样在人们眼前浮现，人们回味着久远而神秘的历史，心情也平静下来。

慢下来，感受这历史的召唤吧。

# 微缩博物馆

## ——佩萨罗宫

**威**尼斯的每座建筑都堪称绝佳艺术品，佩萨罗宫便是从繁多的建筑中脱颖而出的巴洛克风格的建筑，它是威尼斯著名的建筑设计大师隆格纳晚年设计出的作品，它的一部分潜入水面之下，样貌别致，风格独特。

佩萨罗宫陈列了各种各样珍贵的藏品，馆内一楼陈列着一些画作，大多是19—20世纪意大利画家的作品。二楼则是一些东方艺术作品和工艺品。三楼是日本馆，里面陈设着武士长刀、匕首、盔甲，以及雕塑、陶器等艺术品。

或许是被这座博物馆的外观所吸引，或许是为了欣赏隆格纳的心血之作，人们走进了这座博物馆。

这座博物馆不大，要是走马观花式地匆匆掠过的话，半个小时就能参观完。不过人们被博物馆中精巧的艺术品和独特的设计吸引住了，他们一个挨着一个慢悠悠聚精会神地欣赏，默默感受历史的变迁与艺术品的厚重。

# 名家荟萃
## ——威尼斯学院美术馆

**威**尼斯学院美术馆被喻为世界上最伟大的艺术博物馆。

这座美术馆在学院桥不远处。天气晴朗的清晨，叫上一艘贡多拉或者乘水上巴士，顺着河水漂流而下，一会儿就到了威尼斯学院画廊前，运气好的时候，不用排队，你便能尽情欣赏这场艺术盛宴。

临水赏画，是一件多么高雅的事情。整座美术馆好像是艺术之神的作品，处处展示着高超的艺术技巧。

在历史上，这座美术馆原是一座规模甚小的修道院，后经人扩建而成。在 1750 年，美术馆开始进行小范围的展品搜集工作，不过当时它并未像现在这样闻名于世。直到拿破仑攻占威尼斯后，这位军事家下令为这座美术馆搜集艺术展品，才使藏品数量在很短的时间里快速增长。

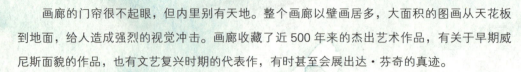

画廊的门帘很不起眼，但内里别有天地。整个画廊以壁画居多，大面积的图画从天花板到地面，给人造成强烈的视觉冲击。画廊收藏了近 500 年来的杰出艺术作品，有关于早期威尼斯面貌的作品，也有文艺复兴时期的代表作，有时甚至会展出达·芬奇的真迹。

展厅集各种风格为一体，按时间顺序排列。拜占庭风格的作品灿烂夺目，哥特式的宗教画离奇怪诞，文艺复兴时的早期作品将古老的威尼斯刻画得细致入微。在此，你可以揭开威尼斯的神秘面纱。

不过真正引人注目的还是大量优秀的文艺复兴鼎盛时期的作品。

提香创作的最后一幅作品《圣殇图》、韦罗内塞的巨幅画作《利维的家宴》、提香的老师所作的《圣母子》，都让人沉醉于艺术的魅力中。不过，最为出名的还是乔尔乔内所创作的《暴风雨》，这是人类第一次以风暴为主题进行作画，场景逼真，让人如身临其境。

从画廊出来可以到旁边的小巷子里走走，风景优美，一家风雅的小酒馆像恬静的小姑娘般，静静地坐落于此，这里的招牌食品墨鱼面味道绝佳。

坐在这里只能隐约看到学院桥的一角，日渐黄昏，学院桥也蒙上了一层淡淡的阴影。远处那些拔地而起的建筑，如同和蔼的巨人，在这黄昏里模糊了身影的轮廓。

渐渐地，行人变少了，四下亮起灯火，画廊门也关了。游人结束了一天的行程，轻轻拍打身子，挥去一天的疲惫。夜风醉人，水波反射着淡淡的温馨的光晕，喧闹声被水波温柔地卷进河底，游人也走入了这迷人的夜晚。

# 宁静一隅

## ——哥尔多尼故居

哥尔多尼故居并不大，是一座哥特风浓郁的建筑。若是将它比喻成一个人的话，应该是一个富有个性但样貌并不出众的少女。这种地方，一般都是给那些哥尔多尼的粉丝准备的。不过无意间闯入的游客，也可以在其中发现别样的趣味。

哥尔多尼一生创作了很多剧作，尤其是他的喜剧作品，在意大利和世界各地的剧院里长盛不衰。此处将他当时的生活场景和生活资料全部完善地保留下来。

当然，对那些哥尔多尼的粉丝来说，最值得一看的还是剧作的原稿，毕竟都是大师遗迹啊。仅是看着那些泛黄古朴的手稿，他们便能想象到哥尔多尼伏案写作时坚定的背影。

故居前有一座别致的小桥，潺潺溪水流经桥下，天空和桥的倒影在水里交错，风景正好。你可以慵懒地撩起头发，或者把目光随意地瞥向某个明亮的角落，将这一瞬间温暖的定格记录下来。要是能在这里买张邮票或明信片，这些回忆便如同桥下潺潺河水，永远留在记忆里了。

# 被历史浪花淹设的造船厂

圣特洛瓦索造船厂是威尼斯现在仅存的能够制造贡多拉的工厂，并不对外开放，游客们只能从对岸登高眺望。

寻一处高地登上向远处眺望，结实的木桩、灵巧的小船、美丽的小桥浮在水面上，小船悠悠，随着涌动的水面起伏。再衬上老旧的小木屋，整个场景充满诗情画意。

要是情意绵绵的恋人在此相约，抱头拥吻，爱意就在这河边慢慢荡开，而这醉人的场景也只有这远离喧嚣的船厂才找得到。

如果是晚上趁着皎洁的月光沿着小路匆匆赶去，到了就只能看到对面一片漆黑，一点亮光都没有。慢慢地，等眼睛适应了黑暗，这时候极目眺望，依稀可以看见河对岸停着的小船的轮廓，在流动的河面上若隐若现。你说是否能看到有人在此造船？那当然要等到白天，而且是你的运气足够好的时候。

现在，造船厂已经很古老了，它运营了四个世纪的身体已经疲惫。

一个世纪之前，机动船兴起，这使贡多拉作为威尼斯人运载乘客的主要交通工具的地位衰落，威尼斯人只有在结婚或者进行葬礼时才乘坐贡多拉，而游人乘坐贡多拉只是为了满足自己的好奇心，让旅程更具威尼斯特色。

为了保护这一富有特色的交通工具，在联合国教科文组织的帮助下，当地成立了专门保护威尼斯贡多拉的国际委员会。

古老艺术品的消失，大概是每一个热爱威尼斯，喜欢贡多拉的人所不愿看到的。

# 新历史纪元的起点
## ——马可·波罗故居

**对**游客来说，威尼斯的大多数名人都是陌生人，只有马可·波罗还算熟悉，于是马可·波罗故居成了一个热门景点。

到马可·波罗故居参观可是一件激动人心的事情，尤其是那些曾被马可·波罗事迹鼓舞过的游客，甚至有些人跨过千山万水只为了一瞻名人故居的风采。

坐上水上巴士，穿过威尼斯纵横交错的水道，踏过错落有致的小桥，便可以来到马可·波罗故居的门前。

还没进门，你就可以看到里面拍照的人群。这里真是热闹，金发碧眼的旅游者不少，摆出"胜利"手势照相的少女也很多，你甚至能看到黑发黄皮肤的亚洲旅客，没准儿他说的方言你还能听懂呢。

虽然有专门研究马可·波罗的学者指出，如今的马可·波罗故居是私人住宅，而居住于此的主人与马可·波罗并无半点关系，马可·波罗的后裔也并未在此居住过。但这并不影响大家参观的热情，人人都在谈论这位旅行家，连三岁的孩子都要插上几句话："我知道，他曾经去过中国！"

到了晚上，此处灯火辉煌。这是因为一部分故居已被改建成剧院，会定期举办各种演出。晚风吹来，听着陌生、动人的意大利歌曲，与和善的当地人点头致意，倒也是一件惬意的事情。

故居的另一部分则变成了旅店、餐厅和小酒吧，因为借了马可·波罗的名气，所以生意还不错，它们甚至有了自己的"粉丝"，通过口口相传而名扬他国。

这里的酒吧和饭店还有一个通用的名字，叫做"百万"。据说是因为马可·波罗的长辈热衷于经商，喜欢冒险，积累了百万财富，人称"百万富翁"。另一种说法更有趣，据说马可·波罗在东方游历时，"百万这个、百万那个"这种话总是不经意间便脱口而出，因此有了一个外号——"百万先生"。

出了故居，沿街走去，望着水里清澈的倒影，不一会儿便来到了马可·波罗桥。当年，马可·波罗就是从这座桥上踏出第一步，踏出威尼斯，踏向东方，踏出了悠悠历史，踏出了新的纪元。

拱形桥连接着河的两岸，四下无人的时候，站在桥上，向马可·波罗故居望去，真有一番"小桥流水人家"的景致。

更远的地方，船只像燕子般在水道间穿梭，忽然间由那个巷口出来，又由另一个巷口消失不见，我们的生活不也是如此吗？匆匆流去，不留踪影。

第四章

博物馆里的前世今生

历史如同一面镜子，映射出已经流逝的岁月。而记录历史的便是博物馆。

一座城市的发展起源，一个人的生平事迹，一件古物的功能用途，都值得我们去了解和学习。也许，游览完威尼斯的博物馆，我们会从中学到很多新的东西。

要是你想体会这种"往事越千年"的感觉，就去博物馆里转一转吧。

# 皇宫贵族的宝藏
## ——科雷尔博物馆

从总督府走出来，瞥一眼高耸的威尼斯钟楼，蓝天悠远，风和日丽。穿过在鸽群旁嬉戏玩耍的孩子，从圣马可大教堂的左侧走进一条幽深的小巷。不久，科雷尔博物便跃然于眼前。

科雷尔博物馆就在圣马可大教堂的正对面，到达那里最简捷的方法便是乘坐水上巴士，在圣马可广场站下船即可。

博物馆将俯视广场的拱廊连接起来，拱廊是考古博物馆，而沿着拱廊一直走到道路的尽头，便是马尔恰纳国家图书馆的阅览室，里面收藏了很多提香的名作。

科雷尔博物馆里的展品大多是拿破仑、奥地利哈布斯堡的茜茜公主的藏品。

考古博物馆则大多数是中世纪绘画和古希腊罗马的一些雕塑，除此之外，还有恐龙的骨架。大概有恐龙骨架的地方，就永远都不会缺少孩子们。孩子们睁着好奇的双眼看着这些远古的动物，想象在当时发生的事情。他们甚至还在假设，要是自己穿越到了那个时代，是否能和这些体形庞大的霸主做朋友呢？

不过他们虽然年纪小，提出的问题也常让大人哭笑不得，但是他们对这些恐龙的了解却远胜于自己的长辈。这些恐龙生存的具体年代，以及它们所属的种类，孩子们都能准确快速地回答上来。凭借着对恐龙的热爱，他们穿梭于博物馆中，俨然是一副小小研究者的模样。

威尼斯的咖啡店遍地都是，博物馆旁边也有一家咖啡店，装饰着许多巴洛克风格样式的野兽动物。你可找靠窗的位置，叫来侍者，点上一杯维尼托墨尔乐红葡萄酒，悠闲惬意地坐看云起云落。

有时大雨会毫无征兆地落下，噼里啪啦地朝着地面以及在雨中惊慌失措的人们砸来，人们四散奔逃，在雨中寻找躲雨的建筑物。一会儿的工夫，之前人流密集的圣马可广场就变得空空荡荡的了，科雷尔博物馆的走廊里密密麻麻挤满了躲雨的人。

　　友谊就此发芽。两个头发湿漉漉的年轻人相视一笑，然后欢快地聊起天，大雨造成的不快便这样消散了。或许在雨停后，他们还会走进这座博物馆，一边欣赏馆中美轮美奂的艺术品，一边交换各自对艺术的见解，人们甚至会因此结识自己一生的挚友和知己。

　　这场突如其来的大雨，使许多可能永远不会有交集的人相识，不能不说是一种缘分。而在这场上天安排的奇遇中，科雷尔博物馆又扮演了什么样的角色呢？

# 针尖上的艺术——花边装饰艺术博物馆

花边装饰艺术博物馆也是威尼斯颇有韵味的一处风景，它坐落于热闹的圣马可广场之中，周围商店林立，热闹繁华。博物馆建于 1981 年，之前只是一座名为布拉诺蕾丝花边的学校。在课余时间，漂亮贤淑的姑娘们坐在学校走廊的凳子上，丝线在手指间穿梭，这幅场景如同一幅油画。

如今博物馆里陈列着 16—20 世纪的杰出作品，大多是具有浓浓威尼斯风格的蕾丝作品。参观完，你也许会为某一个小巧却别出心裁的蕾丝作品显露出的艺术性而发出惊叹，而那些觉得蕾丝太过女性化的游客也会舍不得离开这里。

周边有贩卖作品的商店，你可以挑一件喜欢的带回去。用这个作为伴手礼最好不过，因为这种手艺不对外传承，所以这种精致的礼物也有其独特性。

博物馆的墙身被漆成五颜六色，色彩亮丽，令人心情愉悦。在这里，你能看到那些同样穿着花花绿绿的游客，安静地在各个房间中穿梭。从外面看去，博物馆像是个色彩鲜艳的小渔村，游客像是在其中穿梭的渔民。

落日时分，人们从里面走出来。天色已暗，周围的建筑全模糊了身影，而花边装饰艺术博物馆也失去了白天的色彩。遥遥望去，矮小的屋顶、暗淡的墙壁、泛着亮光的玻璃，让它像古老而又朴素的民居。不过，这无法掩盖它独特的魅力和光彩。

# 生命开始的地方
## ——海洋历史博物馆

**交通**：乘坐水上巴士 1 线到 Arsenale 站。

**开放时间**：8:45—13:00；周日和公共节假日闭馆。

历史悠久的威尼斯共和国在航海史上有着非常出色的成绩。如今，坐落在威尼斯运河之畔的海洋历史博物馆便向我们讲述着属于威尼斯的海洋故事。

沿海走去，边欣赏落日边望着辽阔的大海。一会儿，博物馆便在眼前。博物馆紧挨着一条安静的小巷，海风阵阵吹来，清新怡人的气息使人瞬间清爽下来。

馆里收藏着大量的海事珍品。有一艘通体镀金的公爵驳船，奢华夺目的金狮雕塑立于船头。这里有不同时期威尼斯人所使用的船只模型以及海军服饰，还有贡多拉的制作图。博物馆一共有四层，在每一层你都能了解到威尼斯关于海洋方面的历史。

从馆里出来，穿过小巷，站在暖日当空的海岸上，海面向远处延伸，平静而又壮阔。这时，人们仍旧在回味威尼斯浩瀚波澜的海洋历史，他们望着眼前醉人的大海，不禁也想畅游其中，只不过不是乘坐军舰，而是贡多拉。

# 在威尼斯自然历史博物馆品味岁月

威尼斯自然历史博物馆位于大运河之畔，背对大门往外望去，只见一望无际的大运河向远处开阔地铺展过去。不远处就是别有韵味的叹息桥，桥下河水悠悠，广场干净明亮。站在桥上向博物馆方向看去，只见两座高耸于天际的塔尖遥遥相对，建筑雄伟壮丽。

博物馆前排栽满了枝繁叶茂的树。细小的树干、嫩绿的叶子，在蓝天的映衬下，整个场景看上去如同一幅美丽的油画。

这座博物馆修建于 13 世纪，最初是土耳其人的仓库。那时候人们生活条件艰苦，稍微有些自然灾害便会忍饥挨饿，所以人们将平时剩余下来的食物囤积于此，在粮食歉收时也可以勉强果腹。因为是土耳其人修建的，所以建筑整体呈拜占庭风格。

有的人说每个城市都有这样类似的博物馆，所以游览威尼斯便可以略过此地。这样想未免小瞧了这座博物馆。

且不论博物馆收藏着超过 40 000 本关于自然和历史方面的书，仅是这里收藏的各个地质时期的化石和从各地收集的自然标本便能吸引无数游客前来游玩了。

一进博物馆便能看到摆放于大厅中央的巨型恐龙化石，它空空的脑袋向前伸着，细长的脖子骨架将脑袋和庞大的身躯连接起来。想来，这只恐龙一定经历过坎坷，最后留下这冰冷的骨架穿过漫长的岁月。看着这副巨大的骨架，人们耳边似乎响起了远古的喧嚣声。

游人们聚在这里，古老的遗迹使大厅显得庄严肃穆，人们都敬畏而又好奇地面对眼前的化石与标本。漫长岁月中遗留下的生命的化石告诉我们：没有人能逃得出时间，我们都在时间里生存。

# 璀璨的玻璃宫殿
## ——穆拉诺玻璃博物馆

雨后放晴的日子，天空一扫阴霾，阳光照在翠绿的水道上，凉风呼呼地刮着。坐在船上，慢慢悠悠地向穆拉诺岛驶去，蓝天白云，小桥流水，水道两旁的小橱窗里摆满了各种各样的玻璃制品，这些就是天然的玻璃博物馆。

快接近的时候，就能看清博物馆漆成暗红色的墙身。这座建筑呈方形，隔着老远仿佛能从扑面而来的风中听到玻璃碰撞时的清脆声。

上了码头后人们便能发现，其实这里的繁华程度不亚于圣马可广场。博物馆附近有许多摆满玻璃装饰品的小饭店，饭店的玻璃上刻画了千奇百怪的艺术图案，令人眼花缭乱。有一位店主带着自己穿粉色裙子的小女儿，热情地向游客介绍各种各样的玻璃艺术品，好像这些艺术品就是自己制作的。

告别热情的店主，走进穆拉诺玻璃博物馆。博物馆里有三个展厅，这里陈列着风格各异、精美绝伦的玻璃艺术品。当然，参观这三个展厅，你不仅仅能发现世界上竟然还有这么美丽的玻璃制品，还能了解玻璃的制作工艺、手工发展和制作历史。

如果你想亲眼看一下玻璃的制作方法，可以到岛上的手工艺作坊参观。你不用担心摸不到门道，事实上，一下码头，你就能看到玻璃手工作坊的人。是的，那些把色彩斑斓的玻璃产品摆在货架子上的人就是你在寻找的手艺人。

　　岛上有 100 多家玻璃作坊，每家作坊前都摆着一个小摊子，上面放着各种器具。对孩子们来说，看这些师傅现场表演吹玻璃是最有趣的。只见那红彤彤的火球在师傅手里逐渐变大，师傅好似漫不经心地用钳子在这里捏一下，在那里捏一下，反复数次。

　　最后，玻璃变成了一件精美的艺术品。这时，那普通的手艺人瞬间变成了一个"深藏功与名"的高人，游客默默地压住向他拜师学艺的冲动。

　　等下午光线好一些的时候，站在博物馆前面，照张相片，配着两边低矮的房舍，照片里的人也会光彩夺目。码头上不时有船只驶来，游客从老旧的圆木树干搭成的码头走过来。运河里，船只摇曳轻轻推开水面又向远方驶去。街道上，满脸沧桑的手工师傅们在火炉旁专注地制作玻璃品。

　　这样的岛屿，这样的博物馆，怎能不来参观一下？

交通：乘公共船 4.1 或 4.2 线，到 Museo Murano 站。
开放时间：4 月—10 月：10:00—18:00；11 月—3 月：10:00—17:00。

# 在光影与琴声中歌唱
## ——音乐博物馆

当你看惯了风景名胜，尝遍了美食醇酒，想寻找些精神层面的寄托时，音乐博物馆是个不错的选择。

找寻这家博物馆并不需要花多少工夫，它就在威尼斯一座非常美丽、充满历史感的教堂——圣莫里斯教堂之中。

博物馆里收藏展示了17—19世纪的各种乐器，有小提琴、竖琴和大提琴，还有许多其他样式的乐器。整座博物馆很小，你能看到一个专门制作小提琴的房间，不过有一层透明的玻璃罩着，没办法走进去。

大厅里则随处可见棕色的小提琴。有的放在靠墙的桌子上，墙上挂着两盏亮着的电灯，使得琴上蒙了一层淡淡的白光，看起来既优雅又古朴。

威尼斯几乎人人都精通一门乐器，不是钢琴便是小号，要么便是小提琴，每个人都能跟着悠扬的琴声唱歌跳舞。从小就在艺术氛围浓厚的环境里生活的威尼斯人，制琴业如此发达也是理所当然的。

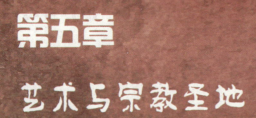

# 第五章

## 艺术与宗教圣地

　　威尼斯人在文化艺术上的成就，几乎全体现在他们庄严肃穆的教堂上。也许是他们对宗教坚贞的信仰，使得他们把每座教堂都建造得高耸于苍穹。这样，才能让他们渺小的身躯匍匐在上帝面前。

　　威尼斯的教堂与他们的宗教文化紧密地联系在一起，这是他们的性格使然，也是他们艺术成就的表现方式。无论是清幽宁静的杰苏伊蒂教堂，还是庄严神圣的圣马可教堂，都是他们呕心沥血的结晶。

　　也许，在威尼斯人心中，在庄严宏伟的教堂中做礼拜，已经成为自己生命中的一部分。

# 讲述惨痛的过往
## ——安康圣母教堂

在威尼斯游览多日后，也许你会厌倦拥挤喧闹的景点，想找个安安静静的角落独自待会儿，看看天上的流云，吹吹暖风。

如果你有这样的想法的话，不妨来到位于大运河旁边的安康圣母教堂。教堂就在大运河的入海口，微微翻起的海浪每天拍打着码头，偶尔有一两只海鸟掠过海面，迎着教堂飞来，干净的地面上投下了海鸟迅疾的影子。

教堂附近就是学院桥，对面便是圣马可广场。站在学院桥向安康圣母教堂眺望绝对是一种超乎寻常的享受，两岸恢宏的建筑和古老的大运河一起组成的画面，使人深深地陶醉。

在欣赏这座美丽的教堂时，很多人并不知道，安康圣母教堂曾经承载了威斯人的痛苦与希望，这要从很多年前说起。

在14世纪，一种瘟疫忽然间便在欧洲扩散开来，且传染性极强。瘟疫先是在中东地区蔓延开来，接着通过来往的商队货船带到了欧洲。虽然后来人们发现这种病就是鼠疫，但是找不到治愈的办法，得病的人只能痛苦死去。接下来的三个世纪里，成千上万的人被鼠疫夺取了生命，人们的生活笼罩在一片恐慌里。

直到1630年，也就是安康圣母教堂建成的57年前，鼠疫又一次大规模暴发。在短短的十几年内里，威尼斯有近45 000人被夺去了生命。而这个数量，几乎是当时威尼斯人口的三分之一。

医生对此束手无策，只能看着病人一个接一个地离开人世。无助的威尼斯人只能将希望寄托在神灵上。他们转而祈求圣母玛利亚，希望在某天圣母玛利亚浑身沐浴着爱的光辉从空中缓缓降落，来到这充满污秽、如同地狱一般的人间，将他们从无边的苦难里拯救出来。

最终灾难还是过去了，为了纪念这次灾难，感谢圣母没有抛弃自己，威尼斯人修建了这座教堂。如今，讲述这段历史的雕塑就被刻在教堂中最醒目的地方。

每年11月21日威尼斯人都要举办安康节，活动的地点就是安康圣母教堂。那时，人们会搭乘着船只，横跨大运河，感恩圣母的庇佑。

　　圣母玛利亚的光辉我们不曾接触过，但是鼠疫横行却是历史上真实发生的事情。即便不是为了圣母玛利亚，而是为了那些在灾难中失去生命的人们，修建一座这样安静祥和的教堂来安抚他们的灵魂，也是对他们的关怀与纪念。

　　此外，可能是因为那段历史过于惨痛，教堂周围也跟着庄重肃穆起来，这里几乎没有什么商业气息，人们都压低了声音、放慢了脚步。你能真切地感受到这座教堂带来的宁静和安详。

　　等你出来之后，望着海浪翻滚的海面，回头看身后的教堂，竟然有些苍凉。如果你仍留恋此地，不如就坐在台阶上，望着即将沉没的夕阳，让心灵歇一歇吧。

# 在圣乔瓦尼教堂中感受音乐的魅力

**在**威尼斯，与音乐有关的教堂并不多，圣乔瓦尼教堂便是其中一座。行走在威尼斯东部的卡斯泰洛地区，当你看到一些悠闲走着的游客不约而同地朝着一座白色建筑物走去时，你就会知道，这座并不十分出众的二层楼房便是要找的圣乔瓦尼教堂。

可能你已经在威尼斯见过很多哥特式教堂，所以眼前这座相同风格的建筑并不令你觉得惊艳，天还是那么蓝，教堂依旧充满浓浓的艺术气息。对你来讲，眼前的一切不过是昨日风景的再现而已，可对那些真正懂得此教堂历史的人来说，能走进这座教堂是一件无比荣耀和幸运的事。

之所以说这座教堂和音乐有关，是因为它收藏着著名的小提琴家和作曲家维瓦尔第记录作曲过程的手稿。那些陈旧的手稿被锁在玻璃框里，你只能透过结实的玻璃仔细辨认上面的音乐符号。当然，如果你不懂音乐的话，即使拿着放大镜看也无法参透其中的奥妙，它们是为那些音乐爱好者准备的。

这是最好的音乐启蒙。当你看到那些音乐爱好者如痴如醉地欣赏这些手稿时，你也能慢慢领会音乐的魅力。

音乐是没有界限的，它不仅仅存在于富丽堂皇的音乐厅中，还存在于人们的日常生活中，风声、鸟鸣、孩子的笑声、教堂的礼拜声，都是音乐。而当你走在这座典雅寂静的教堂里，每轻轻地踏出一步，你的脚步声便与之前曾在此回荡的古老悠扬的音乐声相合拍。

# 会"隐身"的圣方济会荣耀圣母教堂

**在**威尼斯闲逛是一件很有意思的事情。往往在繁杂错乱的小巷中迷路，只能像无头苍蝇般乱逛时，却突然发现前面竟有一处好风景。圣方济会荣耀圣母教堂就是这样一处有"隐身"技能的胜地。

其实教堂就在威尼斯的核心地带，在火车站下车，步行便可以到达这里。但和前方的圣马可大教堂比起来，这里的游客只能用零星来形容。

站在大厅里，阳光从玫瑰花窗射进来，壁画蒙上了一层神秘的光影，望着高悬的房梁和瑰丽的壁画，游客不禁双手合十，诚心祈祷。

每个人都有自己的愿望和梦想，有自己的烦忧与痛苦。尽管身处异国他乡，尽管自己并不信奉基督，可当他们面对着眼前的一切，看见透过玻璃窗射下来的梦幻般的光时，也会不由自主地为自己、家人、朋友祈祷。这时，奢望也会变成最美好的祝愿。

# 风雨中的生命沉思
## ——雷登拖雷教堂

帕拉迪奥是意大利最伟大的建筑师之一。这位生活在威尼斯的建筑大师，亲手设计了多座具有开创性风格的教堂，雷登拖雷教堂就是其中一座。

雷登拖雷教堂修建的目的与安康圣母教堂差不多。在当时，瘟疫在欧洲肆虐，威尼斯人失去了自己的亲人和朋友。疾病的威力过于强大，人们只能寄希望于神灵，希望自己的诚意能被基督感受到，希望自己能得到救赎。

如今的雷登拖雷教堂成了一处文化圣地，教堂里保存着巴萨诺的《基督徒的诞生》，丁托列托的《基督的升天》，还有维洛内歇的《基督的洗礼》等著名宗教画作。喜欢宗教文化的人可以来此处一游。

乘上水上巴士，一路开到大运河入口，向远处眺望，远远地就能看到这座规模宏大的教堂高耸天际。不过上岸后就会发现，这里并没有多少游客，教堂更是冷清。也许正因如此，才让这座教堂蒙上了一层神秘的面纱。

　　中午时分，如果你走得累了，可以到教堂里歇歇脚，靠着充满异国风情的画壁坐下，舒舒服服地伸个懒腰。午后，从窗户中射进的阳光暖洋洋的，令人昏昏欲睡。若能在此时此刻睡上一觉，便是生命中最美好的事了。

　　不过有时候事情没有人们想象的那么美好，当人们希望在此自由地游览时，不料突然风雨交加，那令人迷醉的午后教堂时光也成了梦境。不过你也不用为此感到可惜，要是风景总是以你想要的面貌出现，不就毫无新意了吗？

　　站在雷登拖雷教堂中听雨是一桩充满韵味的事情。站在教堂里，望着深邃的穹顶，窗外雨声哗哗作响，屋子里渐渐昏暗。而就在人们望着神秘的画壁若有所思时，突然闪电照亮了天空，接着轰隆隆又是一阵雷声，让人完全沉浸在对生命的沉思中。

　　而后雨过天晴，阴霾退去，破云而出的太阳照射着雨后散发生机的教堂，当第一缕阳光透过窗户照射到脸上，你的心情是否瞬间便会平静下来，觉得生活是如此美好？

　　雨过天晴后，走出教堂，坐在海边也是不错的享受。远处的海面上盘旋着几只海鸥，偶尔还能听到它们的叫声，它们在说些什么？是在赞颂这广阔无垠的大海，还是在呼唤人们，让人们停下脚步，静静地坐在这里，同它们共同欣赏这迷人的景色？

# 夕阳无限好
## ——圣乔治马焦雷教堂

**在** 游览了雷登拖雷教堂后，如果你仍意犹未尽，不妨多走几步路，到圣乔治马焦雷教堂参观一下。

路并不遥远，乘坐水上巴士不一会儿就能到，阳光强烈的时候，坐在船上，向高耸的教堂望去，只见白茫茫一片，顿觉眼前的景色有些缥缈。

教堂上另有一座钟楼，乘电梯可以上去。站在钟楼上，可以从四面八方敞开的窗户向外眺望，威尼斯最美丽的风景便尽收眼底。这些大钟每隔半小时就敲响一次，声音轰隆，震耳欲聋，像是落雨前的雷声，嗡嗡地在你耳边激荡。这几口钟存在了很长的时间，它们看似在咆哮，实际上在诉说自己百年来的孤独。

这里最吸引人的便是黄昏时的景象。有人说，这座教堂的顶端是威尼斯最适合观看落日的地方。有很多游客来到这里，不是为了参观教堂，而是为了在黄昏时分登上圣乔治马焦雷教堂的楼顶，尽情地欣赏难得一见的日落景色。

在倦鸟返巢之时，游客们开始陆续乘坐电梯上来。这里面，既有活力四射的年轻人，也有白发苍苍的老人。他们代表了太阳的两种状态，年轻人象征着朝阳，而老人则象征着夕阳。

已至迟暮的老人望着缓缓落下的太阳，夕阳无限好，只是近黄昏。想到此处，他们的眼角竟也有些湿润。年轻人则神情肃然地望着眼前的一切，一天又过去了，今日是否虚度？

这时候，天边已被夕阳映得火红，天空在海浪般晚霞的映衬下显得诡异绝伦。等夕阳完全沉下去的时候，天空陷入黑暗，人们陆续走出教堂，来到外面灯火辉煌的街道上。但是已经深深烙印在自己脑海里的夕阳景色，又怎会轻易忘记？

# 耗尽一生的遗作
## ——圣罗科教堂

提到教堂，人们难免想到壁画。二者之间确有联系，因为很多宗教内容就是通过画作来展现的。很多举世闻名的画家将自己的一生都献给了教堂，他们拖着疲惫的身躯，颤巍巍地伏在桌上，旁边点一盏昏暗的油灯，最后完成了不朽名作。

丁托列托就是其中一位，他将自己的一生都奉献给了圣罗科教堂。

圣罗科教堂的规模并不大，呈四方形，墙身漆成白色。虽然它在威尼斯林立的建筑群中并不出众，但人们不能否认它是威尼斯最为宝贵的艺术宝库之一。它是威尼斯共和国消亡后，唯一幸存下来的大教堂。后来拿破仑攻占威尼斯，从这里掠夺走了大部分珍品财富，但也正因为得到了拿破仑的青睐，它才能保存下来。

　　圣罗科教堂里面珍藏着 63 幅丁托列托绘制的圣经故事画，是他耗费整整二十三年的时光完成的作品。正面的墙里面则有四座雕像，分别是四位圣徒。

　　在丁托列托绘制的作品里，最出名的是悬挂于一楼大厅里的《圣马可的奇迹》。

　　画中的故事年代十分久远，那时候基督教不被统治者认可，但基督教义已经在市井小贩间传播开来，并且被许多人所接受。那时有意志坚定的信徒，而不信基督教的便被教徒们称为异教徒。

　　一天，一个基督教信徒被一群异教徒抓获，他被捆绑着放到地上，浑身赤裸。他的旁边站着手持铁锤的异教徒，他们挥舞着手中的铁锤正要将基督教信徒杀害。这时候，圣马可从天而降，救了这位信徒。

　　这个故事被丁托列托用精湛的作画手法表现了出来，给当时的绘画圈造成了强烈的冲击。

　　丁托列托死去了，但他的画作被永远留在圣罗科教堂。现在提到圣罗科教堂，就必定要提及丁托列托。不得不说，丁托列托与圣罗科教堂互相成就。

# 在杰苏伊蒂教堂前闲适地散步

**杰**苏伊蒂教堂并不是热门景点，它很少在旅游手册上出现。虽然并不起眼，但它还是吸引了游客前来参观。这当然是因为它有自己的独到之处。

安静是它最大的特点。有的游客只是误打误撞来到这里，当他们四处闲逛时，突然被耸立于远处的尖顶所吸引，便摸索着道路，穿过小桥，沿着小巷，最后看见了树荫下的杰苏伊蒂教堂。

不过安静也只是相对的，等到了晚上 7 点，那些酒足饭饱的旅客们纷纷从房子里走出来，想找个地方散步消食时，便会沿着纵横交错的小巷来到杰苏伊蒂教堂前。这时候，教堂焕发出前所未有的生机，人群交织在一起，孩子们绕过父母向不远处的桥上跑去。

而短暂的喧闹过后，游人散尽，这座教堂又陷入沉寂，和满心愉悦的游人，一同沉沉睡去。

## 大师毕生的心血 —— 圣潘塔隆教堂

要说威尼斯最安静、最不引人注目的教堂，应该是圣潘塔隆教堂。

天气好的时候，游人两两做伴，沿着干净的街道一路走去。就这样走走停停，不知不觉间就走进一片低矮的建筑群之间，忽地一抬头，圣潘塔隆教堂便近在眼前。

从外面看去，这栋建筑为威尼斯本土的风格。欧洲教堂那种富丽堂皇的外表，在这里连影子也看不到。教堂坐落在一些比它还要矮小的建筑群间，天空万里白云，平铺在教堂顶端。教堂左边是一间通体漆成黄色的二层小楼，右边也是如此。前面是一个洒满阳光的广场，三三两两的游人在这里散步，享受这美好的一刻。

教堂始建于 17 世纪末，大厅的天顶画是大师吉安·安东尼奥·福米阿尼的作品。为了完成这幅作品，他耗尽了一生的时光。此外，那些分散在教堂小礼拜堂中的精彩壁画，也是他的作品。

那幅绘于天花板上的旷世绝伦的壁画，描述了圣潘塔隆医生的一生。圣潘塔隆医生游历世界各地，传播当时还不为大多数人接受的基督教义。在传教的同时，他用自己高超的医术济世救人，得到了人们的尊敬和信赖。

在当时，异教徒势力猖獗，圣潘塔隆医生不幸被捕，最后殉道。而同样令人遗憾的是，吉安·安东尼奥·福米阿尼在用 24 年完成这幅作品后，从脚手架上坠落而亡，让人为之叹息。

# 无与伦比的视觉盛宴
## ——圣马可教堂

圣马可教堂大概是威尼斯令人印象最深的一处景点。

教堂外面是用红色的墙砖砌成的，起初是一座哥特式风格的建筑，在 17 世纪时经过全面整修，改为巴洛克风格的建筑。从外面仰望教堂，人们会感受到眼前这座庄严神圣的建筑带来的巨大压迫感。

教堂顶端高高凸起的五个圆顶，是这座教堂的主厅。让人更为印象深刻的是，另外的两个侧厅与主厅构成一个巨大的十字架。

进入教堂中，人们首先便会为金色圆顶上光彩熠熠的纯洁天使所展示出来的美而惊叹，墙壁上十二门徒望着虚无的地面，眼里智慧闪烁。

对游客来说，除了欣赏圣马可教堂中雄伟的建筑，听一听有关于它的传说也很不错。在众多传说中，下面这个传说流传最广。

相传多年前，威尼斯还是一片荒芜，它被漫天沙土所覆盖，而沙土边缘则是一望无际的大海。到了雨季，暴雨落下，海面波涛汹涌，漫天洪水铺天盖地向岸边打来。威尼斯被海浪包围，与世隔绝。

这时，圣马可来到意大利传教。在他乘船经过一处不知名的海岸时，忽然暴风骤起，这使刚才平滑如镜的海面沸腾起来，混乱中他被暴风雨带到了一片沼泽地带。

到了这个荒无人迹的地方，圣马可对生存不抱什么希望了，但他还是向上天祈祷，希望天使可以听到他的呼唤，他对着天空大喊："愿你平安，圣马可！你和威尼斯共存！"从此以后，圣马可便与威尼斯这座城市密不可分了，他成了威尼斯的守护神。

　　　站在教堂之上向下看去，圣马可广场更显繁华。人们可以看见广场上五彩缤纷的露天陈设、围着游客慵懒散步的鸽子、教堂前睡梦正沉的小树，连阳光都是那么小心翼翼地洒下来，生怕惊动了眼前这一切安然恬淡的景象。在教堂前面，仿佛所有事物都静止下来。

**小贴士**

交通：跟着 Piazza San Marco 标志步行可到；乘坐水上巴士到 Piazza San Marco/San Zaccaria/Vallaresso 站。

# 热闹非凡的圣玛丽亚福莫萨教堂

旅游分很多种：一个人上路，独来独往，随走随停，只寻找人烟稀少环境清幽的地方，这样看起来很潇洒，可难免会显得有些孤单；两两结伴，随着人流，踏遍名胜古迹，虽然喧嚷些，可是能真实地感受到浓浓的人间烟火。

而选择哪一种，全看你的喜好。如果你喜欢热闹非凡的场景，威尼斯的圣玛丽亚福莫萨教堂就是一个不错的选择。

圣玛丽亚福莫萨教堂位于威尼斯最热闹的广场之一——圣玛丽亚福莫萨广场。走在路上时，你就能看到前方熙熙攘攘的人群。教堂前站满了游客，他们身上入时的服饰与这座建于 15 世纪的教堂格格不入，但是却有种别样的风味。

　　圣玛丽亚福莫萨教堂顶端呈半球形，上面还有一个小小的十字架。奶白色的外墙与蔚蓝色的天空互相映衬，让这座教堂显得平静而安详。钟塔上巴洛克时代的样貌奇绝的雕塑特别醒目，引人驻足观看。在不知不觉中，游人们会被这座热闹非凡的建筑吸引。

　　教堂的另一扇门面对着大运河，无遮无拦的大运河就这样在它前面舒展身姿。碧空浩瀚，海鸥飞翔，海风清凉，站在这儿真是一种极舒服的享受。

　　毫不夸张地说，游人选择来到这个地方，看教堂倒是其次，站在运河前享受清爽海风的吹拂才是最重要的。

# 孤单的失落者
## ——圣扎里卡亚教堂

如果说威尼斯水城中的其他风景是城镇，那么圣扎里卡亚教堂就相当于幽静的野外。一走进这座教堂，人们立刻能感受到这里古朴的氛围。教堂空阔，三三两两的游客站在壁画前面，认真而平静。如果你闭上眼睛，静静地冥想，会恍惚间以为自己身处于文艺复兴时期，穿着复古服饰的美人们在和你一起欣赏这些美丽的壁画。

教堂外游人来来往往，他们直接忽视了这座教堂径直向前走去。教堂有些冷清，太阳好像感知到教堂的孤单，便将大片的阳光洒在教堂顶端，仿佛是在安慰它。

可是游人终究是要离去的，就像这太阳一样，马上就要西沉。在夕阳余晖里，走上石桥，回眸望着苍老而又孤独的教堂，游客忽然想到了朋友，是不是该给他们打个电话问候一下？

# 凝结几代人心血的教堂
## ——弗拉利光荣圣玛利亚教堂

其实，建造一座教堂所花费的时间，与这座教堂的规模成比例。一般来说，规模小的教堂用时也会少一些，大概用十几年或几十年即可，虽然这样也快要耗尽建造者的一生了。而规模大的教堂用时更多，一代人甚至几代人的一生都献给了它们。

弗拉利光荣圣玛利亚教堂就是一座历时 250 年才竣工的教堂，是几代人心血的结晶。

与其他教堂相比，这座教堂的外观略显寒酸，可是等你进去就会瞬间感受到这座教堂与其他教堂的不同。你无论如何也想象不到，它的内部竟像是用大理石和树木直接雕刻而成的，如此巧夺天工的建筑，怎能不令人惊叹？

它是威尼斯最具代表性的教堂，著名画家提香在他技术最成熟的时期所创作的作品《圣母升天图》，便在这座教堂里展出。这幅画将威尼斯的艺术风格淋漓尽致地表现了出来，有很多人来到此处，只是为了欣赏这幅画。

　　如果你懂得如何欣赏画作，便能发现这幅画的美妙之处。尤其是在夕阳下山之时，那一缕残阳的光辉洒到这幅画上时，圣母玛利亚好像真的被那一群驾着云彩的可爱小天使簇拥着升上天空。阳光映照在圣母鲜红的衣服上，使她看起来少了分庄严肃穆，多了分神圣祥和。画中的人一个个高举双手，仰望着圣母，深深地陶醉在眼前的景象中。

　　等你回过神来，又突然发现刚才的所思所想不过是一场瑰丽的梦境，心里竟也跟着失落起来。而消除这种失落感最好的办法就是认真地欣赏这幅画作，将这幅绝世珍宝装在自己的心里。

# 安静而僻静的圣赛巴斯蒂亚诺教堂

威尼斯所有教堂中，圣赛巴斯蒂亚诺教堂并不引人注目。这里很僻静，如果没有人指点，或许你根本就找不到这座教堂。

可是到了这儿后，你就会赞叹自己的好眼光。此处风景绝佳，还在船上时，你就能远远地看到一排排干净整洁的房屋坐落在岸边的街道上，教堂与另一边的陆地被一座不知名的小桥连接着。

小桥流水，绿树红花，宛如一幅油画。时而刮来暖暖的风，嫩绿的树叶也跟着轻轻摇曳，如此悠闲惬意的场景，使这个地方成了人们休闲放松的场所。

教堂中的文化也令人着迷。这个教堂从天花板到墙壁的画作，都是文艺复兴鼎盛时期的画家保罗·委罗内塞的杰作。如果你细细欣赏，便能发现很多画作都带有很明显的神话色彩。画作不仅展示了作者高超的绘画技巧，还使得整座教堂看起来精美无比。

所有画作中最为著名的便是《圣赛巴斯蒂亚诺的殉教》。

这幅画描绘了异教徒处死基督徒的残酷场面。画中的主人公是圣赛巴斯蒂亚诺，据说他出生于 3 世纪中叶。在那个时候，基督教还未普及，异教徒疯狂打压基督教徒，基督教徒只要被抓住了就会被处死。

圣赛巴斯蒂亚诺是基督教忠实并坚定的信徒。他长相俊美，勇猛刚强，年纪轻轻便当上了罗马皇

帝的近卫队长，可以说是年少有为。因为他太英俊，皇上便动了心，爱上了他，甚至许下承诺将一半的江山送给他。圣赛巴斯蒂亚诺违抗了命令，最后他被绑在树上乱箭射死，以一种壮烈的方式将自己献祭给了基督教。

传说终归是传说，眼前的教堂却是真实存在的。闲暇时候，驻足在这里，站在桥上，俯身望着河水中自己的倒影，你是否觉得漫长的跋涉竟使自己容颜有些苍老？又有多久没有停下来好好歇一歇呢？

# 第六章

## 感受威尼斯的文化与风情

威尼斯的风情需要仔细品味，往往都是在不经意间，你一抬头，便被威尼斯浓浓的风情迷住了。

白天在商业桥上热情地向游客推销商品的小贩，夜晚在酒吧里优雅地为顾客调酒的服务员，赤足桥上相拥接吻的情侣，圣马可广场上在鸽群间嬉笑奔跑的孩童，无不展示着威尼斯当地的风情。

也许，在这里生活久了，不知不觉间，你也会和他们一样了。

# 威尼斯古老的灵魂
## ——贡多拉

最具有威尼斯特色的交通工具，无疑是贡多拉。坐在贡多拉上游览威尼斯，风景便如山水画那样缓缓呈现在你眼前。

以前的威尼斯人以贡多拉作为主要交通工具，可随着机动轮船的兴起，贡多拉逐渐退出了历史舞台。现在浮在威尼斯运河里的贡多拉，是为游客准备的，当地人很少乘坐。

贡多拉造价很高，每艘要 5 万欧元。整个威尼斯的贡多拉不会超过 450 艘。这里有特定的造船厂，每年只会生产 10 艘，而会造船的工匠也不多。当地人站在河边望着远去的贡多拉时，不知道会不会从心底泛起惋惜之情呢？

贡多拉造型奇特，装饰精美，通体漆成黑色。据说在以前，人们奢靡成风，贡多拉成了家族大户的身份象征，将贡多拉涂成什么颜色全凭自己喜好，那时的贡多拉颜色千奇百怪，没有统一标准。

后来，黑死病肆虐欧洲。威尼斯也没有幸免，成千上万的人死去，贡多拉变成了运送尸体的工具。后来贡多拉一律被涂成黑色，以表示对死者的缅怀。

　　和朋友坐在船里，船夫站在船尾，拿着竹竿轻轻一晃，船便推开水流，轻快地向前行驶了。两岸如画的建筑不停从眼前掠过，碧波荡漾。有时船突然拐个弯，穿过细小的斜巷，有时又会减缓速度，慢慢地与身边同样行驶的船擦肩而过。两条船上的游客虽不相识，但在这美好的一刻，也会迎上彼此的目光，微微一笑，像是在诉说自己心中的喜悦。

　　贡多拉如此珍贵，当然也得有本领高强的船夫来驾驭。贡多拉的船夫基本上都是威尼斯本地人，有些船夫家里的几代人都为人撑船，你不用担心他们的技术。

　　船夫的服饰基本上由两种颜色构成——红色和蓝色，当地人说这与家族的信仰有关。但当游人想要了解更多秘密时，船夫却神秘地笑了笑，不再说话，只余水声。每当旅游旺季，人们站在桥上向运河里望去，只见穿着鲜艳服饰的船夫们在河里穿梭，构成了一幅美丽的风景画。日落黄昏时，游人散去，船夫也该歇歇脚了。游人们从船上下来，走在苍茫的暮色中，不由心生感慨，虽然自己是来这里游览风景，但也成了当地人眼中的风景，倒有种"你站在桥上看风景，看风景的人在楼上看你"之感。

　　每天面对众多游客，船夫心中难道不想外出旅行吗？只是他们在这里生活的时间太久了，他们已经与这美丽的地方融为一体，成为这地方最独特的风景了。假如他们离开，威尼斯这颗璀璨的明珠一定会大大失色。

　　精美的贡拉多和神秘英俊的船夫，是每个游客心中无法忘怀的回忆。

# 在里亚托菜市场感受人间烟火

"**请**问，做意大利面时用的牡蛎，还有吗？"在威尼斯的里亚托市场，你会经常听到这样的对话，而且说不定某天从你嘴里也会说出这句话。

来到一座新的城市，必定要去它的市场看一看。除了感受人间烟火，你还能看到这座城市的真正面貌。只有在市场里，那些悠闲、惬意、懒散着的威尼斯人才会展现出他们最放松、最真实的一面。

对游客来说，里亚托桥旁那个拥有千年历史的里亚托菜市场，不可不逛！

市场紧挨着大运河，海鲜、蔬菜、水果……应有尽有。有的摊位会卖面包和饼干，而且相当便宜。即使你只买了几个蒜头或是一个洋葱，老板也会十分热心地帮你放进袋子里装好。

一般来说，菜市场都会有些脏乱，可在这个菜市场里，你完全感受不到这一点。也许，你甚至会觉得这个菜市场干净得有些矫情了。各式各样的摊位紧凑整齐地排列着，而那些看起来鲜嫩无比的海产品却没有让这里的空气染上一股难闻的腥味。

有的摊主会故意把嫩绿的白菜和鲜红的番茄放到一块儿，想在视觉上抓住顾客。这招很管用，有的顾客就不由自主地掏出钱买上几个西红柿。

有些店主英语不好，可这实在算不上什么问题。聪明的游客会对着店主指一下自己要的东西，然后用两只手比画着要切的动作，店主会恍然大悟，马上给游客准备食材。而游客只需要准备付钱。在接袋子的时候，他们发现店主的笑容热情得会让他有点不好意思，于是不停地说谢谢，也不管店主是否听得懂。

## 斯基亚沃尼滨河大街

坐在船上向岸上看，威尼斯有种水天相接的感觉，阳光普照，天空分外晴朗，斯基亚沃尼滨河大街越来越近，从码头来到此街上，熙熙攘攘的游人立刻映入眼帘。大街向远处延伸，尽头是温柔安静的大运河。这条滨河大街也是吸引游客的地方之一。

斯基亚沃尼滨河大街上只有白天才会有这么多人，在这里可以很好地眺望远方的风景。

美轮美奂的叹息桥在不远处的阳光下熠熠生辉，不论是对面的圣乔治马焦雷教堂，还是西南面的安康圣母教堂，已经模糊了的轮廓更使它们增添了几分神圣的色彩。面对这般美景，游人们自然要拿出相机拍个不停。

一到黄昏，这里就变得清静寥落了，大道上有一排随意支起来的黄色帆布篷，走得累了的人们就坐在里面喝咖啡，吃墨鱼面。吹来一阵海风，褪了颜色的太阳正缓缓落下，游人惬意地欣赏美景，而此刻人烟散尽的滨河大街上就显得空旷了。

这条大道就这样日复一日地迎接着来自世界各地的游人，围绕在大街周围的多姿多彩的建筑使人眼花缭乱，而沿岸装饰的色彩缤纷的商店和永远人头攒动的餐厅，使这里更显繁华。

这繁华属于威尼斯，同时也属于那些游人。没有那些游人，盛世繁华要给谁欣赏呢？

# 敞开心怀的放纵
## ——威尼斯狂欢节

如果你在 2 月份来到威尼斯，就可以和当地人一起在他们的节日盛会中狂欢。狂欢节又叫做面具节，因为在以前的威尼斯，等级划分比较严重，平民与贵族之间有着不可逾越的鸿沟。只有在狂欢节这一天，大家戴上用来伪装的面具，任何人都可以戴自己想戴的，乞丐变成国王，农夫变成王子，所有的阶级和身份地位的意义在这一天都被抹去了。

达官显贵和普通平民都可以聚在一起，尽情地享乐，享受着平等的欢乐。在 20 世纪 30 年代，节日遭到了纳粹政权的禁止。直到 1979 年，人们才重新举行节日盛会，虽然这时候早就没了等级森严的制度，但传统却流传了下来。

节日开始时会有一个放飞仪式，那时候，满天的鸽子从圣马可广场的钟楼向总督府飞去。蓝天之下密密麻麻的鸽子展翅翱翔，身着五颜六色衣服的人们在广场上欢呼雀跃。

孩子们欢快地跳起来指着空中飞舞的鸽子，边跳边让身旁的父母将他们举起来。孩子们坐在父亲的肩头，却还不满足，恨不得自己长出一双翅膀，加入到鸽群中去。

　　年轻的姑娘也会被人举起来，放在肩头，只不过不是父亲，而是她的恋人。广场上到处都是这样的场景，每个人的脸上都绽放着笑容，节日虽然刚刚开始，可是狂欢的气氛早已感染了每个人。

　　这才只是开始呢，各种各样的活动纷纷登场，化装游行、街头表演、露天音乐会等活动会同时举行。

　　其中，化装游行是最有意思的一项活动。人们可以根据自己所戴面具的风格，把自己装扮成相符合的样子。有的人戴着白色面具，但只有眼睛处有一点艳红，他便披上鲜红的斗篷在街上和遇到的每个人打招呼；有的人则戴着墨绿色的面具，他便在自己的脖子上围一件绿色披肩，手里拿着充满神话色彩的法杖。

　　广场上人山人海，威尼斯运河上的船夫穿着火红的衣服，到处是欢声笑语，整个威尼斯在盛大的节日里沸腾起来。

　　平时过惯了循规蹈矩的生活的人们，也是时候敞开心怀放纵一次了。

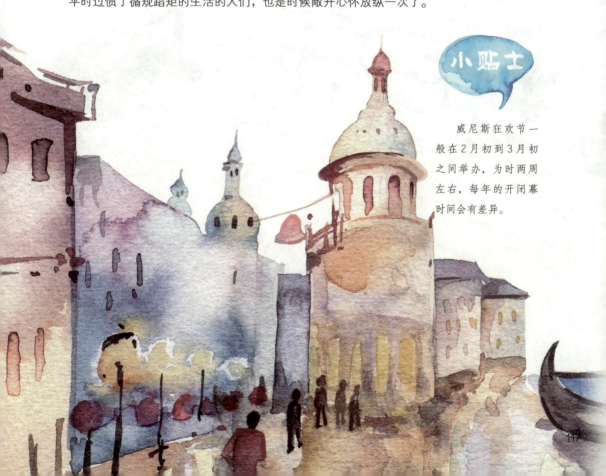

小贴士

　　威尼斯狂欢节一般在2月初到3月初之间举办，为时两周左右，每年的开闭幕时间会有差异。

# 朦胧又迷醉的威尼斯夜晚

在威尼斯，虽然白天人声鼎沸，处处忙碌而又喧哗，但到了夜晚，一切就变了样。慢慢地享用晚餐，天快黑时在广场慢悠悠地散会儿步，这些都是威尼斯人爱做的事。

如果你想喝杯甜酒或者咖啡，最好趁早行动，因为一到晚上十点，威尼斯几乎所有的酒吧和咖啡馆都打烊了。如果你一定要喝一杯的话，只能到玛格丽塔广场或者圣保罗广场去，这一带有些高档餐厅，它们的酒吧间可能会关门晚一些，不过这也需要看你的运气如何。

晚上的威尼斯太过宁静，几乎不会有什么露天现场音乐会在这里举办。不过想听音乐的朋友无须担心，威尼斯最不缺少的便是优雅古典的音乐。在大大小小的教堂中，总有一个灯火辉煌，而乐队正在舞台上动情地演奏古典音乐。

来到威尼斯，如果不趁着朦胧的夜色，好好欣赏一下威尼斯的夜景，那实在是个遗憾。

行走在威尼斯的街头，感受着威尼斯在静夜中迷离的气氛。当你走到坐落着一排排住宅区的幽长狭小巷子时，会发现前面就是黑漆漆的运河，旁边的古屋中透露出昏黄的灯火，极小的一片水面被这昏黄的光晕照亮。正当你要走过去的时候，一只无名的鸟儿突然划破沉寂的夜空，在水波上留下一道光影。

圣马可广场上游人早就散尽，咖啡馆和酒吧间的乐手们也早就离开，整个广场上空空荡荡的。皎洁的月亮高挂在天上，温柔的月光倾洒下来，对那些不愿错过夜色的人来说，现在正是赏景的好时候。不需要说什么，就在这里待着，抬头看着夜空，静静地享受这宁静安然的一刻就够了。

# 命运坎坷的威尼斯电影节

威尼斯电影节有着悠久的历史。1932 年，为了促进电影事业的发展，意大利政府创建了威尼斯电影节。每年的 8 月到 9 月，世界各地的电影工作者都会赶到威尼斯这座古老的水上城市，参加一年一次的电影盛会。

如今威尼斯电影节在国际上风光无限，但它并非一帆风顺，甚至差点从国际上销声匿迹。

威尼斯电影节是为了提升意大利电影的质量而创办的，事实上它也做到了。创办后，意大利电影迎来了黄金时期，我们所熟知的那些大师，如米开朗基罗·安东尼奥尼、费德里科·费里尼等都是凭借威尼斯电影节扬名国际。

而正当意大利的电影事业蓬勃发展时，威尼斯电影节的颁奖活动因政治因素而被迫取消。没有高质量的作品参展，电影节开始走下坡路。直到 1980 年，电影节恢复了颁奖，威尼斯电影节才重回大众视野。

如今，威尼斯电影节始终在以它自己的方式为世界传播电影方面的艺术文化。

# 中国不会缺席
## ——威尼斯双年展

威尼斯双年展是艺术界的嘉年盛会。单数年为美术艺术节，双数年为建筑艺术节，举办地分别为位于喀斯特洛的阿森纳和贾尔迪尼。

在双年展举办初期，人们本着"时间越长的酒越香醇"的原则，只接受老派艺术家的作品。所以，那时候的双年展呈现一家独大的局面，展品大多为一些老派艺术家所作，少有年轻艺术家的作品参展。

时代在发展，人们的观念也发生了变化。到了 20 世纪 80 年代，威尼斯双年展的风格已经趋于多样化，每年都推出新艺术。

中国也曾参加过这一盛会。1981 年，威尼斯邀请中国参加主题为"打开八十年代"的展会。在第二年，威尼斯又再次邀请中国参展。在这两次展会上，中国人将民间艺术——剪纸和刺绣带了过去，让人们欣赏这历史沉淀的文明。

如今，威尼斯双年展仍有强大的影响力，每年都会吸引成百上千的艺术家携带作品前来参展。而其中也有中国人创作的杰出作品。

# 拯救运河的盛会
## ——传统划船比赛

每年9月的第一个星期日，威尼斯都会举行划船比赛，会有近2000条小船和近8000名选手参加比赛。人们在平时生活中积攒的压抑之情，都可以在这场比赛中畅快淋漓地释放出来。

那时候，几乎所有的威尼斯人都来到运河旁边。不参加比赛的人就戴着帽子坐在临河的石板路上，两只脚悬在清澈的河水上。游客们拿着相机，挤满了整个河岸，将镜头对准河面。

运河后面的民居并不华丽，洋溢着一股特别可亲的气味，上面插着五颜六色的旗子。有的楼房的房顶向上突出一部分，后面的绿色旗帜便只能冒出尖尖的一小截。

　　大大小小的船只星罗棋布地散落在运河上，一艘紧挨着一艘，就这样一直向运河远处伸展着。

　　参加比赛的船员们站在船上，他们英姿飒爽，摩拳擦掌，跃跃欲试，准备大干一场。所谓不想当将军的士兵不是好士兵，船员们当然也想争得冠军。不过在他们看来，相比争第一，在这场比赛中尽情地释放自己更加重要。

　　也有目光坚定、发誓要取得冠军的小伙子，不过他并不是为了第一的名号。你顺着他充满浓情的目光看去，会发现一个身着红裙，头戴小礼帽的俊俏姑娘，两人正含情脉脉地对视呢。

经验丰富的船员表现得镇定从容，他们坐在船头，也不聊天，就这么静静地盯着两岸游客，大概是见惯了这种场面。每条船上有专门扛着战旗的旗手，风刮过来，五颜六色的旗帜哗哗地便在运河上空飘扬。

据说这项活动是从 1974 年开始举办的。在那时，随着机动轮船和摩托艇等交通工具的兴起，河流污染越来越严重，原本清澈的运河变得浑浊，在有的地段甚至可以闻到恶臭。于是船员们自发组织起来，举办划船比赛以示抗议。后来，这项活动便流传下来。

如今威尼斯运河清澈如初，以新的姿态面对世界，同时接纳着来自世界各地的游客。

当游客站在岸边，看着河水被尖尖的船头劈开，荡起的波浪沾湿了裤脚时，也会情不自禁地为船上的船员加油鼓气。

# 真正的平民艺术
## ——音乐与歌剧

暮春冷雨给威尼斯的光影世界蒙上了一层阴霾，狭长的人行道临着蓝色水道，不时有一两个衣着朴素的人站在岸上从你眼前掠过。紧接着，你就能听到浑厚的嗓音从岸上传来，他们正沉浸在歌剧的美妙世界里。

在威尼斯，几乎人人都会唱一小段歌剧。无论是政府要员、商界巨贾，还是市场小贩、工厂职工，都或多或少地接受过音乐的熏陶。

当你坐在贡多拉上时，亲和可爱的摇船小哥突然转过头，对你微微一笑，昂头唱起歌剧来。这是属于威尼斯的浪漫。

然而，这并不是属于你一个人的奇遇。唱歌剧是每个贡多拉的船员都拥有的一项技能，他们从小在艺术之城长大，不会唱才有些说不过去呢。

音乐与歌剧几乎熏陶着每一个威尼斯人，它是真真正正的平民艺术。

明月高挂之时，住在幽静旅店中的你可静静欣赏这片夜色。旅店临水，窗户下面是悄无声息流动着的河，淡淡的月光映照着这座古老的城市。忽然间，从隔壁房间或者是楼层深处传来雄浑的音乐声，这是古老的歌剧声。

这声音仿佛从远古时代传来，将你带向不知名的未来。威尼斯人用沧桑的声音将那些哀伤的往事融进梦幻的音符中，而在你面前，仿佛站着一位身着华服的王后，正不无哀伤地问你，一切都过去了吗？

在你想要回答她时，她又变成了幻影，消失了。这是属于威尼斯的传说，误入这座水城的旅客，只有在聆听歌剧时，才能了解到这段传奇的些许情节。

无论什么时候，威尼斯总能向世界发出它醉人的歌声。而传奇，也永远都不会结束。

# 那些由鸽子带来的烦恼

白云悠悠，晴空万里。圣马可广场站满了游览观光的人，除了游人还有一群特殊的客人，那就是那些聚了又散、散了又聚的鸽子。

鸽子是圣马可广场的一大特色，甚至可以说是威尼斯的一大特色，如果没有在圣马可广场喂鸽子留影，这段旅程就算不上圆满。

那些咕咕叫着的鸽子聚成一堆，大部分都是黑色的，偶尔有几只白色点缀其间，两三个满头金发的小男孩站在鸽群中间，父母在鸽群外给他们拍照，他们身后就是圣马可大教堂。

游人虽多，但鸽子却不慌不忙，有种"风雨不动安如山"的架势。当然，也有"配合"的鸽子，它们扑腾一声飞到小男孩肩膀和头上。这时候，在一旁的父母抓住时机，迅速地按下快门。可是，你千万不要被鸽子可爱而又亲切的外表所迷惑。要是这时候你向鸽群投去食物的话，说不定会突然冒出一个工作人员出来制止你，威尼斯禁止游客向鸽子喂送食物，严重的话会对你进行罚款。

威尼斯政府目前正为了如此庞大的鸽子数量而烦恼。威尼斯的鸽子数量是威尼斯人口的两倍，如此庞大的数量给威尼斯的城市建筑带来各种各样的麻烦。

据说鸽子在圣马可广场已经繁衍生息了 1000 年之久，圣马可广场上历史悠久的建筑和雕塑已经被鸽子啄得斑驳，圣马可大教堂的外墙都已经出现轻微的碎裂迹象。鸽子不会在同一个地方落脚，而每当它们飞到建筑群上时，威尼斯人就开始祈祷它们不要在上面留下粪便，

虽然这祈祷毫无作用。威尼斯历史悠久而且艺术价值极高的建筑和雕塑都被鸽群"造访"过，且都遭受了不同程度的破坏。

因此，当地政府想尽各种办法来给鸽子"减员"，他们甚至规定在婚礼上人们不允许向鸽群喂食大米。这是一个欢喜的日子，鸽群赶来祝福，可连口吃的也没得到，想想就替它们伤心。

不过，它们总会有东西吃的，威尼斯人可没那么残忍，他们只是不想让它们的数量增长太快，而不是要将它们消灭掉。否则，威尼斯这座城市就失去了它那可爱亲切又美丽迷人的光彩了。

# 第七章
## 威尼斯名人传

如果一个历史悠久的城市，没有几个在历史上声名远扬的人物，那这座城市便算不上名城。

历史上，有许许多多的人为威尼斯的发展作出过贡献。威尼斯这座城市滋养着他们，反过来，他们的成长使威尼斯更加繁荣。

如果威尼斯没有拥有意大利最大的港口，马可·波罗当时要游历东方肯定就困难许多了。如果没有马可·波罗著成的《东方见闻录》，那么说不定被世界最先淘汰就会是威尼斯了。

幽静深夜，坐在威尼斯一家旅馆的桌子前，
点一盏昏暗的灯，静下心来，听着窗外的浪涛声，
如同听着千百年前的人深沉地呼唤。

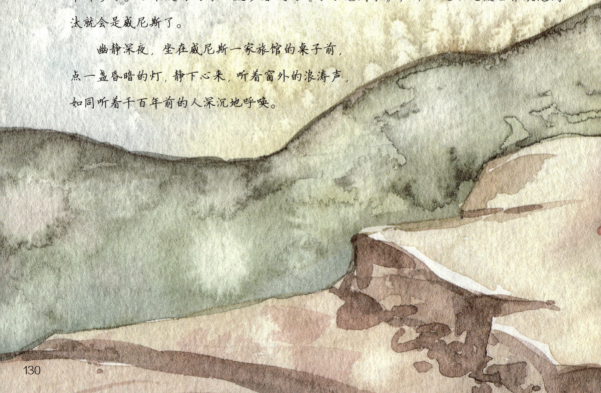

# 浪漫而忧郁的自然歌颂者
## ——乔尔乔内

如同山峦般的阴云笼罩着渺小而又静谧的村庄，闪电划破黑暗的天际，河岸边那一排排古老的建筑在阴沉的天空下忽明忽暗，暴风雨马上就要袭来。

这时候，在暗青色的密林间出现了两个人。左侧是一个手持长矛的士兵，身着红色上衣，面带隐约的微笑，看着左边的草地。草地上是一位几乎赤裸着身体，只披一件白色披肩的妇女，从容地给抱在怀里的婴儿哺乳。天上浓云密布，仿佛世界末日，而这两个人的从容与淡定，与暴风雨即将来袭的紧张气氛形成了巨大反差。

如果你在威尼斯学院停下来，就能看到这幅举世名画。这幅画的作者是乔尔乔内。他是威尼斯画派中抒情风格最明显的一位画家，一生都专注于田园抒情风格作品的创作。遗憾的是，他32岁便去世了，只有五幅作品传世。

也许是因为他从小特有的与大自然相关的文艺气质，才使他日后走上了风景人物绘画的流派，并且在这一流派中开创了新格局。

年轻时他曾在另一位大师贝利尼门下求学，那时他就有些低调神秘。上课时并不活跃，下课后便直接抱着鲁特琴跑到田野里待上一下午。据说他那头披肩卷发和深邃得有些忧郁的眼神，使很多路过的小姑娘侧目倾心。

他的英年早逝是艺术上的巨大损失，但他的流芳百世却也从另一个方面证明了他的艺术成就与艺术风格在同时代里无人能及，直到现在，他还影响着很多画家。

## 出身于下层阶级的天才
### ——丁托列托

在漫长的美术史中，出现了许许多多天赋异禀的画家，丁托列托就是其中一位。丁托列托为人低调，很多人对这个名字会感到陌生，关于他的记载也非常少。

据说，丁托列托出身下层阶级，父亲是一名油漆工，丁托列托也不是他的本名，这个词的含义是"小油漆工"。

他的父亲并不懂得绘画，但他希望自己的儿子可以成为一名画家，便倾尽积蓄，送他去学习绘画。没过多久，老师就不愿意教他了，因为看了他的画作后，老师觉得他的作画水平几乎就要超过自己，自己已经没什么东西可以教给他了。

丁托列托是一个天才，即使没有显赫的家世，也没有为人津津乐道的逸事，甚至没有一个正式的名字，但他的作品却得到了很高的评价，在人们欣赏《基督受难图》《圣马可的奇迹》等杰出画作时，人们也不会忘记这位"小油漆工"。

丁托列托传世名作：
《最后的晚餐》《入浴的苏珊娜》《圣马可的奇迹》等。

# 青出于蓝而胜于蓝的大师
## ——提香

提香，对接触过绘画艺术的人来说，这是个如雷贯耳的名字。

在意大利文艺复兴派画家中，提香是最有代表性的威尼斯画家。他的许多作品，例如《圣母升天图》《花神》等，对当时的绘画风格产生了深远的影响。他的作品总能使人感动，单看《圣母升天图》，人们就可以从画中弥漫着的圣洁而又祥和的光辉中感受到他对人性的赞颂。

提香出生于威尼斯北部的卡多莱，12岁时跟随父亲游历威尼斯，而后进入贝利尼的工作室，与乔尔乔内一同学画。

在当时，乔尔乔内已经是非常著名的画家了，而提香却连初出茅庐都算不上。这两位举世无双的画家的相遇本可以碰撞出绚丽的艺术火花，但结果却令人们惋惜。

135

　　乔尔乔内和提香是不同的存在，乔尔乔内拥有自由开放的思想、乐观主义的人生观，这一切，都曾深深地影响着提香，尤其是他熟练而富有独特风格的绘画技巧和对色彩超乎寻常的敏感力，更是令提香佩服得五体投地。提香十分崇拜乔尔乔内，并且因循着他的脚步，模仿他的绘画风格，创作出了大量杰出画作。

　　当提香的天赋渐渐显露出来，并且隐隐有超过乔尔乔内的趋势时，乔尔乔内内心产生了变化，他害怕这个年轻人超过自己。乔尔乔内对提香越来越冷淡，人也越来越抑郁寡言。在他沉闷痛苦时，提香已经开始独立接受订画，艺术事业即将到达顶峰。

　　不久后，黑死病袭来，乔尔乔内在疾病中辞别喧闹的人世，也带走了他所有的不甘与嫉恨。提香为乔尔乔内的死深感惋惜，因为如果没有乔尔乔内给他打开艺术道路上创作的大门，那提香的艺术事业不可能提升得如此之快。

# 文艺复兴最后辉煌的缔造者——韦罗内塞

提到提香，就不得不提他的一位弟子——保罗·韦罗内塞。

韦罗内塞出生于维罗纳，他的名字就因此而来。他的父亲是一个雕塑家，因此他很早便接受了艺术熏陶。很快，他对绘画产生了浓厚的兴趣，并且显露出很高的天分。

他16岁时，就已经可以独立作画了。为了进一步提高绘画水平，学习更多的知识和技法，他来到了威尼斯，并且此后的岁月也全在威尼斯中度过了。

在威尼斯，他结识了提香，并被提香的画作中展现出的精妙绝伦的技法和天衣无缝的色彩搭配所征服，于是他拜在提香门下学习。

　　在提香的指导下，他的绘画功力有了突飞猛进的提升，很快就成为威尼斯文艺复兴晚期最重要的代表人物之一。

　　意大利的宗教改革，使文艺复兴走向衰落。这时候，威尼斯画派的大部分作品都出现了忧郁的象征，甚至连韦罗内塞这样热爱生活的画家也不能例外。到了晚年，他作品的色调越来越冷，《哀悼基督》就是这个时期的代表作。

　　纵观韦罗内塞的艺术生涯，他无疑是成功且辉煌的。有的画家认为他的笔触富有表现力，有的画家认为他描绘的当代人物富有诗意，有的画家则对他使用的冷色调极为崇拜。毫不夸张地说，韦罗内塞对文艺复兴晚期的艺术发展做出了巨大贡献。

# 一生充满传奇的马可·波罗

**提**到马可·波罗，中国人一定不会感到陌生。在小学课本上，我们就已经了解到了他的事迹。他于 1254 年出生，1324 年去世。他的一生，充满了传奇性。

马可·波罗出生在威尼斯，家族以经商为生。从小他便渴望能随着家人出去游历，见一见外面的世界，而每当他的父亲经商回来后给他讲起在外面世界的见闻时，他都听得津津有味。

终于，在 1271 年，年少的他跟随父亲和叔叔外出经商，他们穿过了很多地区，历经了很多磨难，最后到达了神秘的东方。当时中国处于元朝的统治下，而在机缘巧合下他竟然见到了元朝的皇帝忽必烈。马可·波罗得到了皇帝的赏识，在朝中得到了一个官职。

他利用几年的时间游览了中国的很多地方，了解了各个地方的风土民情和繁华昌盛的面貌。1295 年，他动身回国。回国后，威尼斯和热那亚的战争爆发，作为威尼斯人，他投身于战争之中，却不幸被俘。在狱中，他遇到了一位叫鲁斯提的作家，他担心自己所见的东方繁华不能让西方人了解，便请鲁斯提帮忙，由他口述，鲁斯提记录，完成了他生平的重要著作《东方见闻录》。

据说，马可·波罗的朋友们读了他写的书后，都嘲笑他，认为书中描写的繁华盛世太不真实，并且劝他将书中的内容做一番修改。马可·波罗对这些评论置之不理，他心中想的却是：我书中记录的程度，远不及所见到的一半。

《东方见闻录》写成之后，被欧洲人争相传阅，使得欧洲人对遥远而又未知的东方世界产生了极大的好奇心，越来越多的人走出欧洲，走出西方，踏上了马可·波罗曾经走过的丝绸之路，开始自己的探险。

被迫远走他乡的文豪
——哥尔多尼

要是论起和威尼斯有关的戏剧，我们不难想到著名剧作家莎士比亚所著的《威尼斯商人》，但要是提到威尼斯本土剧作家所作的戏剧，便非哥尔多尼所作的《骗子》莫属了。

哥尔多尼是意大利著名剧作家，生于1707年，在1793年去世，是现代喜剧的创始人。他的家境良好，父亲是医生，而且爱好喜剧，经常会在业余时间和一些业余演员举办演出。

小时候，哥尔多尼就爱上了戏剧。当他完成了基础教育后，表示不愿意像父亲一样做医生，而且也不愿去上枯燥无味的哲学课。他加入了戏剧社团，四处演出，这为他以后的戏剧创作奠定了基础。

哥尔多尼之前的喜剧都没有详细的剧本，只有一个提纲，演员们都戴着假面，根据提纲进行简单的即兴表演，这种方式下的表演千篇一律，脱离现实，令人困倦。

　　哥尔多尼提倡戏剧应该贴近现实，使人物形象生动起来，并创造一定的喜剧效果。由此，他创作出了很多属于自己风格的新派戏剧，在人物台词和动作设计上进行了很多革命性的创新，同时他的戏剧也尖锐地反映了现实生活中一些人物的丑恶行径。

　　第一个提出异议的人总是会受到那些守旧派的猛烈抨击，因为抨击越来越猛烈，哥尔多尼只好远走他乡，离开威尼斯，定居到巴黎。最后，他在巴黎去世。

　　我们无法体会哥尔多尼在弥留之际会想到什么，也许他在想还未完成的戏剧，也许在想过往的生命中留下的遗憾，也许只是在默默地思念着阔别已久的威尼斯，想念威尼斯古色古香的小巷、黄昏时的河景，以及悠悠的古桥。

# 第八章

## 威尼斯特产与美食

来到威尼斯，如果不买些特产带回去，不品尝一下当地的美食，实在是有些说不过去。

　　如果你觉得五光十色的玻璃制品太过昂贵，那就买一个具有异国情调的面具；如果你觉得手工花边太过花哨，那就买一个精致小巧的小花表；也许你没吃上正宗的海鲜烩饭，墨鱼面会满足你对威尼斯美食的所有幻想。

　　总之，在威尼斯，总有东西可以填补你的欲望，你也应该让自己得到满足。

# "死而复生"的精美花边

来到威尼斯，怎么能不带一块精美的花边回去呢？

在威尼斯共和国时代，有专门的学校来教授人们如何制作花边，姑娘们每天坐在走廊的凳子上制作花边，而花边制作在这个时期达到辉煌。不过这只是昙花一现，这种手艺很快便失传了。

到了19世纪末，有人偶然间发现了还在用十分古老的技法制作花边的老人，便向老人请教，手工花边制法这才重见天日。如果故事是真的，威尼斯人就要好好感谢一番那位老人，如果不是他，人们今天便看不到如此精美的手工艺品。

如果你喜欢上了这种精致的花边，不妨去圣马可广场上的小商店里买几条。这里的花边价格便宜，可以随意挑选。

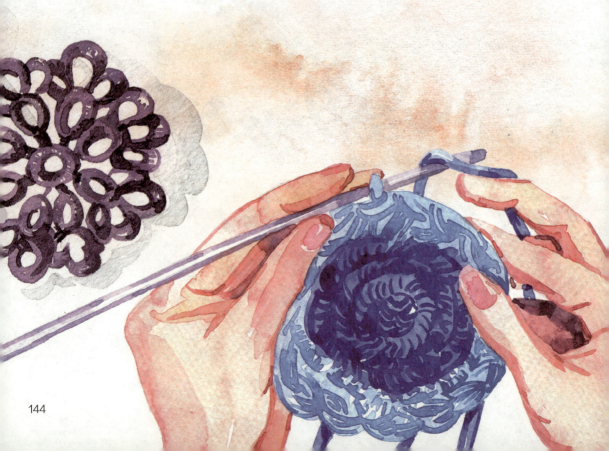

　　当然，有很多游人已经提前行动了，你可以看到他们站在摊位前，正欣赏着一块中间绣着只鸽子的浅蓝色四方形花边。这个花边充满了清新的气息，有一种平淡低调的美。

　　花边摊位前大多数是女孩，但也有例外。一位中年男子站在摊位前发愁，他看着眼前的鹅黄色花边和浅绿色花边，有些拿不定主意。

　　这两种颜色都是妻子的最爱，该买哪一种比较好呢？这实在是一个世纪难题，不过也有解决的方法——他将两块都买了下来。那位站在恋人身边的小伙子，快点向这位"前辈"学习经验吧，姑娘向你提问的时候，可不要再犹豫不决了。

　　男士们请不要再站在一旁欣赏了，精心挑选一块花边，送给你喜欢的姑娘，说不定下一次进入这家商店的就是你们两个人了。

# 唇齿留香
## ——威尼斯红勤酒

在威尼斯待久了，你便会发现，威尼斯人几乎餐餐不离酒。如果哪一顿没有了酒，便会变得十分不自在。而且他们酒量也不错，对他们来说，喝点酒就像呼吸氧气那样平常。即使生活再忙碌，事情再紧急，喝酒也是不能被耽误的。

威尼斯人喝起酒来毫不含糊，在酿酒上也有自己的一套。

红勤酒就是威尼斯的特产。在意大利其他地区，葡萄酒的品质是按严格的分级标准来划分的，可到了威尼斯，这一评判体系似乎失去了作用。威尼斯的小酒坊仿佛都不受外界标准的约束，店主任意生产他想要的酒。所以你会发现，在威尼斯不同地区，即使是相同品牌的酒也会带有不同的味道，这也算是威尼斯的小小特点之一。

坐在威尼斯酒吧中，点上一杯红勤酒，再来一份味道鲜美的海鲜或者鸡肉，窗外是柔和的夜景，酒吧里一片温馨，真是再惬意不过了。如果你酒量不好，可能几口酒下肚，脸就已经变红了。也许你会感叹，面对如此醇正的葡萄酒，竟连一杯也喝不完，真是个遗憾！

也有懂得享受的游人，他们并不张扬，而会找一个安静的角落，问侍者要一份墨鱼面，一杯红勤酒。饮下一口酒，香醇的红酒在嘴里打着转，轻盈地滑过嗓子，那浓浓的味道像是附着在牙齿之间，直至深夜也不会散去。

等微醺之时，你还可以借着迷迷糊糊的劲头，慢悠悠地走过圣马可广场，每一步像是踏在云彩里，软绵绵的，仿佛身处梦幻。

突然想喝杯酒，可是还没到饭点怎么办？不用着急，现在也可以喝酒，只不过要稍微加点东西。

点一杯香浓的咖啡，喝之前倒些红酒就行。当然，一小杯果汁也可以。这种独特的饮料会带来意想不到的体验。

你还可以在吃冰淇淋时，向上面洒满红酒，然后狠狠地咬上一口。这时，满嘴除了冰淇淋的冰爽，还有红酒的醇香。不知道是谁发明了这样奇特的吃法，但是在威尼斯，几乎每个人都这样吃，所以威尼斯人会骄傲地告诉你，这可是他们的独创。

不过，喝酒之前要先打听一番，酒吧价格各异，价格与品质可不一定对等，深藏不露的小酒吧并不是那么容易就会被找到。如果对一家酒吧感到不满意就换一家，人生短暂，该畅饮时须畅饮。

耀的世界 在玻璃中闪

威尼斯的玻璃制造业闻名世界，这大概和威尼斯本就是个五光十色的城市有关。在有的人眼里，玻璃制品本质上就是易碎的玻璃而已，但在有的人眼中，它们就是精美绝伦的艺术品。一块普普通通的玻璃，在制造师手中吹吹打打，涂上鲜艳或者古朴的颜色，最后成为一件完美的艺术品展现在你眼前，这是威尼斯玻璃作坊中每一块玻璃的命运。

威尼斯的玻璃制品全是手工制造，玻璃工厂位于威尼斯北边的穆拉诺岛。近千年来，凡是被视为世界上顶尖的玻璃工艺品，几乎全部出自穆拉诺。

不过玻璃制造术最早是从东方传过来的，经过一段时间的发展，威尼斯的玻璃制造业才初具规模。由于制造玻璃时会经常引起火灾，玻璃厂就由威尼斯搬迁到了穆诺拉。此后的几个世纪中，穆诺拉的工匠们不断改良玻璃制作的工艺。

到 16 世纪时，这些工匠已经知道了使玻璃脱去烟色的方法，而后给玻璃着色及在玻璃上镀金上釉的方法也被他们熟练掌握。

如今，威尼斯的玻璃制造工业在技术上已经更上一层楼。工匠在玻璃制品中加入了金属，这使玻璃制品不仅不易摔碎，在色泽亮度方面也有了很大的提高。有的顾客想使玻璃呈现出一种华丽高贵的气质，工匠们便在玻璃原料中加入一定比例的石英石，使成品看起来好似水晶般绚丽。

走进穆拉诺的那条玻璃作坊大街，你会发现路两旁摆满了琳琅满目的玻璃制品。有的玻璃做成如万紫千红花朵般的吊灯；有的则做成通体漆成金色的晚宴烛台；有的被做成古朴的翡翠色酒杯；有的则形状如骏马，通体透明；有的则如犀牛，熠熠生辉。

在这里走上一圈，想不爱上这五彩斑斓的工艺品都难呢。

『吹』出来的手表
——小花表

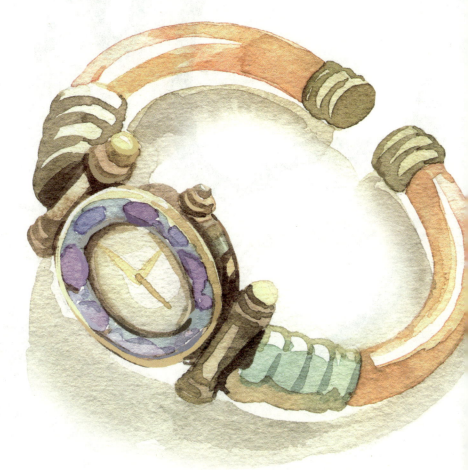

威尼斯还有一种小巧可爱的商品，那就是用玻璃吹成的小花表。

来威尼斯游玩的人好像总是会忽略掉这个小玩意儿，把精力和注意力全投放在风景名胜上。即使到后来逛商店时也会对它视而不见，因为它太小，也太不起眼了，所以连名称上都要加个小字。

别看它小，可造工却是一流，晶莹剔透的外壳，里面装饰满了颜色好看的小花，这样的造型，会使每个看到它的女孩子都爱不释手吧？

这些小花表价格不一，在你向店主打听价钱时，店主会热情地告诉你，需要根据这些表的精致程度来定价。有的小花表只有普普通通的蓝色或者白紫相间的小花，它们就便宜些；而有的表里面除了各种黄色的花，还会用上各种各样辅料来装饰，价格自然昂贵。

戴惯了我们平时戴的那些古板的表，是时候换一块清新可爱的小花表了。

# 隐藏在面具下的灵魂

京剧脸谱大家都不会陌生，小时候每当电视出现变脸节目时，孩子们都看得津津有味。演员脸上的色彩不停地变来变去，像戴着无数个面具，节目结尾时表演者才露出本来面目。这种表演的内容实际源于面具文化，这种文化在我国已经有悠久的历史了。

其他民族也有它们自己的面具文化，如泰国有古典又绚丽的倥舞，人们戴着华美的面具跳宫廷舞。但是在众多面具里，最精致最华丽的，还要属威尼斯面具。威尼斯的面具文化在欧洲文明中是最独特的，而威尼斯人已经将面具融入到自己生活中了。

早在狂欢节之前，威尼斯政府就允许人们在平日里戴着面具生活。也就是说，无论你是去上班还是去饭店吃饭，都可以戴着面具。

面具最直接的作用就是掩盖了他们的真实身份，贵族们戴上面具可以肆意狂欢，普通百姓可以凭借面具装扮成贵族。如果你惹来杀身之祸，被仇家追杀，面具也可以巧妙地将你隐藏起来。

那时候，面具在人们生活中起着重要作用。后来威尼斯政府禁止人们戴着面具生活。自此，面具文化渐渐衰落，直到狂欢节出现，它才在威尼斯死而复生。

面具的制作也是有讲究的，威尼斯面具用纸为制作材料，制作者在做出自己想要的形状后，再用黏土、胶水拼接起来。接着给它上色，一般来讲，制作者会给面具涂上金、银、黄等许多明亮的颜色，再用一些宝石、锦缎来加以装饰。

　　试想一下，在现实生活中，我们每个人好像都有自己的面具，都戴着面具在生活。也许我们是为了保护自己，不想让人接近我们，也许我们就是在扮演着某个角色，且乐此不疲。

　　一旦摘下面具，我们就不得不微笑着面对自己不喜欢的人和事，我们得让面具变成自己的面孔。甚至有人说，戴上面具的我们才能更清楚地认识和了解自己。

　　在如今的社会里，戴着面具生活是一件再普通不过的事情了。当然，如果能通过这个面具给人留下好印象也是不错的。只是一直戴着面具生活，就像戴着镣铐跳舞，生活注定不会幸福，因为你无法真正地面对你自己，成为你自己。

　　就像这些精致绚丽的威尼斯面具，再好看，也只不过是薄薄的一层纸，没有丝毫生气，哪比得上脸上焕发出的笑容呢？

# 简简单单的意大利比萨饼

**在**威尼斯，不可避免地会和比萨饼产生交集。它太出名，以至于人们提到意大利便想到比萨饼。威尼斯最为出名的比萨饼就是玛格丽塔比萨饼。至于为什么叫玛格丽塔，这里面还有一个有趣的传说。

1889 年，意大利公主玛格丽塔在那波里游玩。或许是出门时有些匆忙，她没有带自己的厨师。于是，那波里一家小餐厅的厨师便奉命为公主准备一款具有当地特色的食物。

厨师犯愁了，他想，这位公主什么好吃的都见过，应该准备些什么好呢？正当他愁眉不展之际，他的太太出来安慰他："不如我们制作一款特殊的比萨饼，既有特色，又会让公主满意。"他的太太是一位真正的比萨饼大师。

　　于是，他们开始制作一种他人从未吃过的比萨饼。他们选用白色的莫兹雷拉奶酪、红色西红柿还有绿色的罗勒叶为原料做馅，而白、红、绿恰好与意大利国旗上的三色相吻合。

　　接着他们采用了公主的名字给这款世界上独一无二的比萨饼命名，这在当时是很大胆的行为。还好他们苦心创造的比萨饼被公主接受，她马上被这种美食俘虏了。于是，这家店的名声便传开了，而玛格丽塔比萨饼也流传下来。

　　玛格丽塔比萨饼并没有过多奢华的馅料，除了最基本的三色馅料，最多也就还有一两种小配料。比较常见的是香肠、咸鱼或者是一些意大利蔬菜。虽然配料不丰富，但是吃起来健康，而这也正是如今的玛格丽塔比萨饼如此受人喜欢的原因之一。

# 靠运气才能吃到的美食
## ——海鲜烩饭

**海**鲜烩饭是威尼斯餐馆中的招牌菜之一，也是威尼斯食物中的一大特色。
坐在一家饭店的桌子旁，眼前那一盘海鲜烩饭盛在普普通通的白瓷深盘中，侍者端上来时还冒着热气，散发着氤氲的浓香，让人不禁食指大动。

那黄灿灿的米饭上点缀着几只剥了壳的香喷喷的大虾，虾肉附着一层淡淡的油光，灰色的扇贝随意地散落在两只大虾之间，整个盘子被装得满满当当，再浇上一层爱吃的酱汁，海鲜烩饭仿佛变成了世间最美味的食物。

其实这是比较常见的海鲜烩饭，如果你学会了也可以自己做。另有一种地道的威尼斯海鲜烩饭，叫番红花海鲜烩饭，可就不是那么容易能学会的。

当然，你可以从威尼斯当地购买到的美食书上看到具体做法，但过程复杂，很难学会。在威尼斯当地也只有很少的饭店会做正宗的番红花海鲜烩面，如果能吃上一次，那便是你撞了大运了。

# 世界上没有两个一模一样的 Gelato

走在威尼斯街头，经常看到一些狭小的冰淇淋店里人头攒动，透过玻璃可以看到游人低着头正挑选冰淇淋。你心里可能会想，这些冰淇淋真的有这么好吃吗，竟然吸引这么多的顾客前来购买？等你亲自尝过一口，就知道它确实是世界上不可多得的美味。

其实意大利冰淇淋只是外地人的叫法，而且把这样的美味看做是冰淇淋也有些贬低它。

在意大利，人们都叫它为 Gelato，这个词是意大利传统手工雪糕的共同名字，也许叫它"传统手工雪糕"也可以。

在当地，所有 Gelato 都为手工制作，每一家都不同，他们有自己的配方，所以即使是你吃的 Gelato 名字相同，但由于是两家店所以做出的味道却不同。有句话叫"世界上没有两个一模一样的 Gelato"，这是最精准的评价。

　　你可以随便走进一家冰淇淋店，随意地欣赏眼前色彩缤纷的 Gelato。空中飘着一股奶香味，玻璃橱窗上贴着口味的标签，这里不仅有一些香草、巧克力、草莓、橘子、水蜜桃这样大众化的口味，还会有胡椒、辣椒这样奇怪的口味。

　　选一种最爱吃的口味，狠狠地咬上一口，顿觉冰爽香甜，口感极佳。吃着吃着仿佛想到了小时候的自己，捧着几角钱买来的冰淇淋在角落里默默品尝，凉气渗得自己直打哆嗦，可也要一口气把它吃光。可随着年龄的增长，冰淇淋渐渐淡出了自己的世界，偶尔记起来那久远的味道，却没时间去买。

　　现在，站在玻璃橱窗前，一口一口地吃着比小时候吃的冰淇淋要高档许多的 Gelato，仿佛又找回了小时候的那种感觉。

# 普通的做法，特殊的味道
## ——意大利面

在威尼斯，几乎人人都知道意大利面的做法，但不是每个人都能做得那么正宗。威尼斯的每个饭店都可以吃到意大利面。在游客饥肠辘辘地坐在桌子旁时，侍者人未至，香味已到，远远地就能看到面条上铺着一层鲜红的肉酱，正冒着热气。迫不及待地吃上一口，爽滑可口，畅快淋漓。

其实，意大利面并不难做，不过并不是人人都能做好。如果酱调得不好，即使食材一模一样，你也难以做出美味的意大利肉酱面。

意大利肉酱面虽然常见，但在皇室贵族中特别受欢迎，因为正宗的意大利肉面酱十分美味。如果你爱上了这种味道，不妨多走几家饭店，也许从此便忘不了这份美食的味道了。

小贴士

炒番茄酱的时候，如果有意大利香料，往里面撒一点，加些白砂糖，味道会更好。

# 需要勇气才能喝下意式咖啡

在去威尼斯旅游前，"前辈"或许会如此告诫你：咖啡馆在威尼斯随处可见，但是去咖啡馆不一定非要喝咖啡，即使喝咖啡也不必喝意式咖啡，如果你恰好点了意式咖啡，喝完后嘴里就只会有一种感觉：苦。

意式咖啡最出名的一点就是苦，很多人忍受不了这种苦，因此有了"一口闷"的喝法。喝的时候配一杯冰水，喝完后马上漱口，苦味仍散不去。是的，这种方法与小朋友对待中药的方法如出一辙。

这简直是一种折磨，可仍有很多人喜欢意式咖啡。

提到意式咖啡的魅力，有人会说：它的提神功能非常棒。那些下午要考试或者泡图书馆的学子在中午都会来到咖啡馆，点一杯意式咖啡，有的甚至要双份意式咖啡，水量相同，但是咖啡粉加倍。喝上一杯，一下午都精神旺盛。

　　也有人喜欢往咖啡里加糖和牛奶，这也是意式咖啡的一种喝法，只是这样就尝不到咖啡原有的风味了。不过威尼斯的咖啡店不提供牛奶，这是他们的一个传统。有的人喜欢加一点威士忌，风味独特。

　　既然来到了威尼斯，不喝一杯意式咖啡总觉得心里空落落的。在威尼斯逛得累了，随便找一家咖啡馆坐下来，望着落日余晖，风平浪静的河面上空海鸥盘旋，游人三三两两地向不同的方向散去。这时候威尼斯也仿佛缓慢了下来，一切都在淡淡地隐去，咖啡的苦味好像也淡了许多，只等天黑，苦涩也会消失。

# 吃奶酪，或许需要加点创意

奶酪是西方人餐桌上常见的一种食物，威尼斯人也很喜爱它。虽然法国和荷兰出口的奶酪享誉世界，但是威尼斯的奶酪仍凭借它独特的味道在世界奶酪市场上占据了一席之地。

来到威尼斯，你可千万别有吃遍所有奶酪的想法，威尼斯的奶酪种类太多，无论如何你也吃不完。光是从颜色和形状上就令人眼花缭乱了，味道更是吊足了人的胃口，你永远也不知道吃到的下一个奶酪是什么味道。

在威尼斯人的饮食习惯中，奶酪不仅可以切成片直接吃，还可以和一些切好的水果串在竹签上，当水果串吃，也可以作为意大利面的调味品。

当然，如果你想的话，还可以配着红酒吃，一口酒，一口奶酪，奶酪的咸味与红酒的醇香混合在一起，更能凸显威尼斯的风味。

# 掩藏在"墨汁"下的浓香

如果把意大利面比作整个世界，那么墨鱼面便是威尼斯。墨鱼面是意大利面的一种，起源地就是威尼斯。都说闻名不如见面，可是当你见到墨鱼面的时候大概会生出见面不如闻名的念头——它的外形实在普通，不过等你吃下一口后就马上被它俘虏了。还是不能以貌取面啊！你或许会这么想。

墨鱼面的面条很普通，可煮面条用的汤汁却一点也不普通。厨师先用新鲜的墨鱼汁和面，将一根根面条染成黑色，然后再将面条放到新鲜的墨鱼汁中煮熟。做法看似简单，却是十分考验厨师的水平，因为地道的墨鱼面弹性十足，而且不会有一丝腥味。

接着，厨师向面条上洒一层橄榄油，再加入大蒜、白酒、番茄酱和芝士，浓香四溢，令人垂涎欲滴。一口咬下去，牙齿和嘴巴全被墨鱼汁染黑，但是那香味却是墨鱼汁掩盖不了的。

吃墨鱼面，会产生一种甜蜜的负担。吃完后，你的舌头嘴唇肯定是黑色的，若是你在吃饭的时候太过兴奋，也许还会将自己的衣服弄脏。

不过这并没有浇灭人们对墨鱼面的热情。来到威尼斯，怎么能不吃一碗招牌墨鱼面呢？于是人们"前仆后继"，甚至还会豪情地对店主说一声："再来一碗！"

因此，这道看上去难以下咽的墨鱼面便成了威尼斯的代表菜。虽然吃完后会让自己变成"黑齿"，可依旧成了无数食客魂牵梦萦的美食。